Klaus Brill

Beim Papst im Zimmer brennt noch Licht

Recherchen im Vatikan

Klaus Brill

Beim Papst im Zimmer brennt noch Licht

Recherchen im Vatikan

Picus Lesereisen

Picus Verlag Wien

Für Lidwina

Die Deutsche Bibliothek – CIP-Einheitsaufnahme

Brill, Klaus
Beim Papst im Zimmer brennt noch Licht : Recherchen im Vatikan /
Klaus Brill. – Wien: Picus-Verl., 1999
(Picus Lesereisen)
ISBN 3-85452-720-9

2. Auflage 2000

Grafische Gestaltung: Dorothea Löcker, Wien
Umschlagfoto: Massimo Siragusa, Contrasto/Contrast
Druck und Verarbeitung: Druckerei Theiss GmbH, Wolfsberg
ISBN 3-85452-720-9

Inhalt

Ein Vorwort oder: Im globalen Dorf

Gewiß –, ein jeder kann den Vatikan betreten. Man kann die Vatikanischen Museen und die Peterskirche besuchen, man kann die Kuppel der Basilika besteigen und den gesamten Vatikanstaat von oben betrachten. Man kommt auch in die Vatikanischen Gärten, samstags und mit Führung, sofern man sich beizeiten dazu anmeldet. Wer sich ein wenig auskennt, passiert sogar den ersten Posten der päpstlichen Schweizergarde. Durch die Porta Sant'Anna beispielsweise gelangt man zur vatikanischen Apotheke (nur mit Rezept) oder zur Apostolischen Almosnerei, man kann auch beim Fotodienst des *Osservatore Romano* Bilder von der jeweils jüngsten Papstaudienz betrachten und bestellen. Und am Glockenbogen, links neben dem Aufgang zur Basilika, dürfen Reisende aus den Territorien des früheren Heiligen Römischen Reiches Deutscher Nation durchgehen zum *Campo Santo Teutonico,* dem alten deutschen Friedhof, einer wunderbaren Komposition von Stille, Stein und Grün. Im Winter und bei Regen ist mittwochs auch der Weg zur großen Audienzhalle frei.

Ansonsten aber stehen vor jedem Tor, das ins Innere führt, zwei Gardesoldaten mit Hellebarde und historischem Gewand oder ein Vatikanpolizist in dunkelblauer Uniform und verwehren höflich den Zutritt. Hinein kommt nur, wer sich als Beschäftigter ausweist oder in einem Vatikanbüro verabredet ist. Auch Journalisten, die beim Presseamt des Heiligen Stuhles akkreditiert sind, haben Zugang. Schon diese Beschränkungen bringen es mit sich, daß alles, was sich hinter den hohen Mauern des

Vatikans abspielt und befindet, umgeben ist von einer Aura des Geheimnisvollen, Exklusiven, Außerordentlichen. Es wird zum besonderen Erlebnis, wenn man wirklich einmal in die inneren Zonen gelangt.

Mich persönlich haben, als ich zum ersten Mal die Sperren überwand, zunächst ein paar Banalitäten erstaunt: daß da an Straßen und auf Höfen so viele Autos parkten, im Belvedere-Hof genau so wie im inneren Geviert des Heiligen Uffiziums. Dann sah ich, noch beeindruckt von den Außenmaßen der Peterskirche, in einiger Entfernung drei graue Zapfsäulen stehen, davor einen Tankwart im blaugrünen Overall. Die Tankstelle wies keine schreienden Farben auf, denn der Vatikan ist ein reklamefreies Land. Aus einem Hintereingang der Basilika kam gerade eine Gruppe von Kapuzinermönchen, die Beichtbrigade von St. Peter machte Mittag.

Ich sah zudem Kanaldeckel, Polizistenmützen und Autokennzeichen mit der Aufschrift SCV (Stato della Città del Vaticano – Staat der Vatikanstadt), und ich stand vor einem Geldautomaten mit lateinischer Bedienungsanleitung.

Eine Zeitlang später gelangte ich, mit Passierschein ausgestattet und von Schweizergardisten geleitet, ins Staatssekretariat, betrachtete die Marmorflure, die Bilder und Skulpturen sowie die Weltkarte, die an einer Wand in der dritten Loggia aufgemalt ist. Durch die hohen Glasfenster genoß ich den einmaligen Blick auf den Sankt-Damasus-Hof und den Petersplatz. Es ist halt schon ein besonderer Ort im Abendland. Andere Kuriengebäude aus jüngerer Zeit, zumal die außerhalb der Mauern gelegenen, sind indes sehr viel schlichter gestaltet.

Wer eine Vatikanbehörde besucht, wird in der Regel nicht ins Büro des Gastgebers vorgelassen. Kein Fremder soll die dort aufbewahrten Akten sehen, in manchen Bereichen gilt generell das *segreto pontificio*, das päpstliche Amtsgeheimnis, das zu wahren die Beamten sich durch Eid verpflichten. Man hat also erst einmal mit Amtsdienern zu tun, die auf den Fluren hinter ihren Tischen hocken, und man trifft sich in Besucherzimmern, die mitunter stilvoll und mitunter sehr schlicht möbliert sind; manche Sesselkante ist schon durchgesessen. Heiligen- und Landschaftsbilder oder Papstporträts hängen an den Wänden, auf kleinen Tischchen stehen alte Telefone. Es herrscht eine gleichermaßen höfische wie unprätentiöse Atmosphäre, manches wirkt prunkvoll, anderes anspruchslos, es walten Strenge und Freundlichkeit zugleich.

Solche Kontraste sind es, die dem Vatikan sein besonderes Gepräge geben. Man findet hier die erstaunlichsten Gegensätze vereint. Dies ist die Residenz des Papstes, der einmal ein großer Potentat war und wie ein König wohnt – aber es gibt in ihr, gleich neben dem Sitz der Glaubenskongregation, auch eine Unterkunft für obdachlose Frauen, die seit 1988 vom Schwesternorden der Mutter Teresa betreut wird. Dies ist der kleinste Staat der Welt, mit 44 Hektar nicht größer als ein mittlerer Bauernhof – aber er ist der Sitz einer geistigen Weltmacht, die unter dem Namen »Heiliger Stuhl« als einzige Religionsgemeinschaft der Welt ein Völkerrechtssubjekt darstellt und diplomatische Beziehungen zu rund 170 Staaten unterhält. Dies ist der Wohnort von rund 470 Personen – aber rund eine Milliarde Menschen aus allen Kontinenten, ein Sechstel der Erdbevölkerung, betrachten den Vatikan als ihren religiösen Mittelpunkt, unter ihnen rund 4250

Bischöfe, 260.000 Priester in Diözesen, 200.000 Mönche und 820.000 Nonnen. Dies ist ein Dorf mit Klatsch und Tratsch – aber ein globales, in dem man viele Sprachen spricht und in Jahrhunderten denkt.

Das Dorf zieht an, und für viele Katholiken, die ihren Glauben zum Beruf machen, ist Rom ein Abschnitt im Leben. Rund zehntausend junge Menschen studieren an den sechs in der Stadt verstreuten päpstlichen Universitäten und ähnlichen Instituten, andere besuchen die Aus- und Fortbildungsinstitute der Orden, von denen viele hier ihre Hauptquartiere haben; ähnlich ist es mit großen Laienbewegungen. Nach einer Erhebung der katholischen Sozialorganisation Caritas halten sich rund 46.000 Bürger anderer Nationen aus religiösen Gründen ständig in Rom und Umgebung auf, so jedenfalls am Stichtag 31. Dezember 1997. Es sind überwiegend Priester, Nonnen, Mönche, Seminaristen und Theologiestudenten, auch Vatikanbedienstete darunter; die größten Kontingente kommen aus Spanien, Indien, den USA, den Philippinen, Polen, Brasilien, Mexiko und Frankreich. Über kulturelle Schranken hinweg werden in Rom Freundschaften fürs Leben geschlossen. Ein Monsignore vom Balkan sagt, wenn er Afrika bereisen würde, könnte er dort von einem Bischof zum anderen fahren – alles Freunde aus der Unizeit in Rom.

So ist er zur Drehscheibe einer universalen Bewegung geworden, jener *ager vaticanus*, das Gelände auf der rechten Tiberseite, auf dem sich in der Antike der Circus des Kaisers Caligula befand. Der Ort ist der katholischen Kirche von altersher so wichtig, weil sich dort nach ihrer Überzeugung das Grab und die Gebeine des Apostels Petrus befinden, des ersten von bisher rund 260 Päpsten. Und ebenso bedeutsam ist ihr das Prinzip der apostolischen Sukzession, der Glaube an die ununterbrochene Kette von Bischöfen und Priestern, die jeweils von anderen Bischöfen durch Handauflegung geweiht wurden und in direkter Linie ihr Mandat bis auf Petrus und Jesus Christus zurückführen.

Die Verbindung reicht über zweitausend Jahre, und wer, wenn nicht der Papst, sollte das Jahr 2000 christlicher Zeitrechnung zum Anlaß nehmen für eine Geburtstagsfeier besonderer Art? Johannes Paul II. tat es mit einem Jubeljahr, das Millionen von Pilgern nach Rom und Jerusalem brachte. Er tat es auch mit einem Aufruf zu selbstkritischer Rückbesinnung und zu einer neuen Evangelisation. Er hat sich eine große Vergebungsbitte vorgenommen und dafür Vorarbeit geleistet, indem er den christlichen Antisemitismus verurteilte, die Evolutionstheorie anerkannte, den Physiker Galileo Galilei rehabilitierte und die Archive der Inquisition für die Forschung öffnete.

Nicht minder wichtig ist ihm die Wiederherstellung der Einheit mit jenen Christen verschiedener Kirchen, die sich im abgelaufenen Jahrtausend von Rom abgespalten haben, den Orthodoxen, Protestanten und Anglikanern etwa. Auch der Dialog mit anderen Religionen, namentlich den Juden und Moslems, soll neue Impulse erhalten. Schließlich wünscht sich der Papst, das Jahr 2000 möge auch innerhalb der Kirche einen neuen Aufbruch bewirken. In Europa und Nordamerika wenden sich viele Katholiken von seiner Lehre ab, in Lateinamerika gewinnen Sekten an Einfluß, allenthalben gibt es unter Gläubigen kritische Diskussionen über die Mitwirkung der Frauen, die Sexualmoral, den Zölibat der Priester, den Anspruch des Vatikans auf die zentrale Steuerung der Kirche und den Umgang mit den Reformen des Zweiten Vatikanischen Konzils. Viele Personalentscheidungen aus Rom, Berufungen von Bischöfen vor allem, haben starken Widerspruch erregt.

So ist Johannes Paul II. zur Jahrtausendwende zwar ein Star wie wenige andere Große der Welt. Keiner seiner Vorgänger war so weit gereist und seinen Zeitgenossen so gut bekannt, keiner konnte seine Botschaft über Fernsehen und Internet so weit in die entlegensten Winkel der Erde tragen, keiner hatte so viele diplomatische Gesandte in allen Kontinenten, keiner sprach mit so vielen Politikern aus aller Welt, keiner zog so viele Millionen Gläubige an. Jedoch ist offen, wieviel Einfluß er letztlich auf die Herzen der Menschen hat, welche Wirkung er mit weltweiten Kampagnen etwa gegen die Abtreibung erzielt.

Das Papsttum bleibt eine umstrittene Institution, doch mindert dies keineswegs die Faszination, die von ihm ausgeht. Zu wichtig war seine Rolle in der Geschichte der Menschheit, zu bedeutsam ist es auch heute in der Welt, als daß man ihm die Aufmerksamkeit verweigern könnte. Zu reizvoll ist auch der Widerspruch zwischen den hohen Anforderungen einer moralischen Großmacht und den Skandalen, die sie gelegentlich produziert. Da starb 1978 ein Papst, Johannes Paul I., unter fragwürdigen Umständen; da wurde 1998 der Kommandant der Schweizergarde von einem Korporal erschossen; da wurde im selben Jahr ein Kammerherr Seiner Heiligkeit im römischen Homosexuellenmilieu erwürgt, und da mußte 1984 die Vatikanbank IOR rund 250 Millionen Dollar zahlen, weil sie in einen Bankenbankrott verwickelt war, mit dem auch Mafiaverdächtigte zu tun hatten. Es gab zudem den Wiener Kardinal Groer, der der sexuellen Nötigung von Jugendlichen beschuldigt wurde; es gab zahlreiche ähnliche Fälle von Priestern in aller Welt, und es trat 1998 bei einer Synode im Vatikan der australische Bischof Geoffrey James Robinson auf mit der Erklärung, sexueller Mißbrauch durch Priester und Ordensangehörige sei eines der größten Hindernisse für die Verbreitung des Evangeliums in Ozeanien.

Wer die Geschichte kennt, kann mühelos aus der Vergangenheit noch ganz andere Anstößigkeiten hervorholen. Ämterkauf, Korruption, Morde, Kriegstreiberei, Willkürherrschaft, Verfolgung und Hinrichtung Andersdenkender, Sexorgien, Mätressenwirtschaft, skrupellose Bereicherung des Papstes und seiner Familie, Veruntreuung von Kirchengeldern, Bestechung beim Konklave – all das hat es im Vatikan gegeben, und nicht nur der berüchtigte Renaissancepapst Alexander VI. mit seinen Kindern Cesare und Lucrezia Borgia wäre hier zu nennen. »Wenn man den Fuß nach Rom setzt, bleibt die Wut, und es weicht der Glaube«, sagt der Volksmund in Rom. Die Geschichte der Kirche weist »Licht und Schatten« auf, wie Johannes Paul II. es formuliert hat, und man kann es durchaus als eine kleine Sensation erachten, daß er anläßlich des großen Jubiläums im Jahr 2000 auch die dunklen Seiten nicht unerwähnt läßt.

Es sollte darüber nicht der alltägliche Betrieb im Vatikan außer Betracht geraten, denn auch der ist interessant genug. Man trifft Menschen, die nur hier zusammenkommen: den Mann in der Sakristei von St. Peter, der in seinem dicken Buch die Vorbestellungen für die Frühmessen notiert; den Kurienbeamten, der erzählt, daß der Papst Franzbranntwein und Nivea-Creme geschickt bekommt von Leuten, die meinen, er habe neulich im Fernsehen so schlecht ausgesehen; den Indianerbischof aus Österreich, der am Amazonas das Sterben der Regenwälder miterlebt und das »hinausschreien muß in die Welt«; den Hochschullehrer aus Nigeria, der von der Auseinandersetzung mit dem Islam und dem afrikanischen Geisterglauben berichtet; die spielenden Kinder im Kasernenhof der Schweizergarde.

Als Reporter im Vatikan zu recherchieren, ist eine Herausforderung eigener Art. Manche Beschäftigte wollen überhaupt nicht mit Journalisten sprechen und verweisen an das Presseamt des Heiligen Stuhles, andere erfragen erst die Genehmigung der Oberen, wieder andere lassen sich auf vertrauliche Unterredungen ein, und manchmal ist es auch ganz unkompliziert. Was immer auch zur Sprache kommt – letztlich kreist es um den Daseinszweck der Kirche und des Vatikans, nämlich den Gottesglauben und die Religion.

Ein Reporter schreibt darüber anders als ein Theologe. Er schreibt für Katholiken ebenso wie für Andersgläubige oder Ungläubige. Er urteilt nicht über Weltanschauungen, sondern schaut sich die Welt an, um darüber zu berichten. Ein journalistisches Buch über die Aktivitäten des Papstes und den Alltag im Vatikan ist also keine Auseinandersetzung mit Glaubensfragen. Es will nur informieren über eine Institution, die auch nach zweitausend Jahren noch immer die Vorstellungskraft der Menschen in aller Welt erregt.

Drei Erzengel im Internet

Ein Streifzug durch den Vatikan enthüllt exotische Kontraste

Dies ist ein Land mit rund zehntausend Zimmern, und eines von ihnen ist das Internetbüro. Es befindet sich im Apostolischen Palast, drei Stockwerke unter den päpstlichen Gemächern. Gleißendes Neonlicht fällt auf fünf Schreibtische und 15 Bildschirme, in der Luft liegt ein Surren, das vom Kühlgebläse der Apparaturen rührt, und Schwester Judith Zoebelein hat an ihrem Monitor, auf der Kante des Prozessors, das Bild eines Mannes namens Jesus aufgestellt, eine Miniatur-Ikone. Schirm und Prozessor nämlich stehen im Dienste christlicher Verkündigung, wie alles im Vatikan.

Schwester Judith, die dem Orden der *Franciscan Sisters of the Eucharist* angehört und eine braune Kutte nebst schwarzem Schleier trägt, ist Amerikanerin. Sie spricht mehrere Sprachen und ist mit Computern so vertraut, daß sie 1991 in die Abteilung Datenverarbeitung der Vermögensverwaltung des Apostolischen Stuhls berufen wurde. Inzwischen leitet sie das Internetbüro des Heiligen Stuhls, eine Reihe junger Informatiker stehen ihr zur Seite. Das Internet ist »für die universale Kirche das perfekte Instrument«, sagt Schwester Judith. Es befördert unbeschränkt Botschaften in alle Winkel der Welt, und eine Institution, die gerade dies zum Ziel hat, muß sich da einklinken.

Drei Erzengel hängen am World Wide Web. Michael, Gabriel und Raphael heißen die Computer, mit denen der Vatikan seit Ostern 1997 seine Internetstation betreibt. Papstreden sind ebenso im Angebot wie Konzilsbeschlüsse und Tagesmitteilungen, in acht Sprachen. Unter der Adresse http://www.vatican.va meldeten sich anfangs rund siebenhunderttausend Nutzer im Monat, nach zwei Jahren war die Zahl der Kontakte auf mehr als 16 Millionen gestiegen, und sie wächst immer weiter. Als 1996 in der Testphase die Weihnachtsbotschaft des Papstes ausgesandt wurde, konnte ein Priester in Kalifornien, neun Stunden der mitteleuropäischen Zeit hinterher, sie noch für seine eigene Festpredigt verarbeiten. Per E-mail hat er sich bedankt.

Über Räume, Zeiten und Kulturen hinweg ist Rom der Mittelpunkt der katholischen Welt. Von hier aus steuert der Papst die Kirche mit einem Stab, der relativ geringen Aufwand treibt. Uralte Tradition prallt auf die Ansprüche der Moderne, es koexistieren Hubschrauberlandeplatz und höfisches Zeremoniell. Kontraste und Konfigurationen, die nirgends sonst zu finden sind, verbinden sich zu einem faszinierenden Gebilde, das seine Strukturen auf einem Streifzug nur nach und nach enthüllt.

Das Zentrum ist St. Peter, die größte Kirche der Christenheit, die alltäglich die globale Dimension des Katholizismus reflektiert, besonders morgens zwischen sieben und acht Uhr. Priester aus allen Kontinenten, die in Rom zu Besuch sind, eilen dann über die glänzenden Marmormuster zur Sakristei, wo ihnen Don Piero, der Sakristan, und seine Helfer ein Meßgewand aushändigen und einen der 33 Altäre zuweisen. Mit dem Kelch sieht man die Geistlichen danach zu ihren Plätzen schreiten, hier liest einer die Messe still für sich, dort hat ein zweiter sieben Nonnen um sich versammelt, ein dritter steht mit einer Reisegruppe am Altar, und aus einer Grotte schallt Gesang herauf.

Es sind oft mehr als fünfzig Priester, die sich nach diesen Morgenmessen in der geräumigen Sakristei ins Registerbuch einschreiben. Für manchen Dorfpfarrer aus einem fernen Land ist es ein außerordentliches Erlebnis, meint Don Diego, ein Helfer des Sakristans. Auch er hat gerade eine Messe zelebriert, hat das violette Zeremonialgewand ausgezogen und auf den Tisch der Sakristei gelegt, einen weißen Chorrock hält er noch auf dem Arm. »Hier spürt man«, sagt er, »die Kirche im Großen.«

Im Kleinen, im Römisch-Lokalen hat sie nicht weniger exotisches Kolorit. Rund 3600 Menschen aus aller Welt arbeiten bei den Behörden des Heiligen Stuhls und des Vatikanstaates, 1300 von ihnen sind Priester, die übrigen 2300 sind Laien, einige hundert davon Römer, die jene Alltagsdinge besorgen, die auch diese besondere Gemeinschaft hinter ihren hohen Mauern nötig hat: Müllabfuhr, Heizung, Fuhrpark, Polizei und Gesundheitswesen etwa. Es existiert ein kaum noch benutzter Bahnhof, eine Tiefgarage wurde für das Jahr 2000 gebaut. Auch ein Himmelsobservatorium gehört zum Bestand, ausgelagert nach Castelgandolfo.

Vatikanbedienstete können zudem im Schatten der Kathedrale mit Sonderausweis günstig einkaufen, Kleider, Tabak und Elektrogeräte etwa. Die Tankstelle verkauft Benzin um ein Drittel billiger als außerhalb des Vatikans, an der Kasse des Supermarkts sitzen junge Männer in blauen Pullovern, und in der Apotheke hängen ebenso ein Papstbild und ein Kruzifix wie in den Pförtnerlogen, im Postamt, in der Redaktion des *Osservatore Romano* oder im Wachlokal der Schweizergarde.

Des Papstes Leibsoldaten schieben einen harten

Dienst, besonders am St. Annen-Tor, wo unentwegt Autos und Fußgänger ein- und ausströmen. Der Vatikan ist ein Pendler- und Gastarbeiter-Staat, es wohnen hier nur etwa 470 Menschen, und die sind nicht einmal zur Hälfte auch vatikanische Staatsbürger. Als solche sind die 110 Soldaten der Schweizergarde, die rund 260 päpstlichen Diplomaten in aller Welt, gut 50 Kurienkardinäle sowie rund 50 Priester und etwa 25 Laienbedienstete anzusehen, im ganzen über 500 Personen, die fast alle auch die Staatsbürgerschaft ihres Heimatlandes haben. Nur 25 Vatikanbürger sind weiblich – Gattinnen und Töchter von Laienbediensteten oder höheren Chargen der Schweizergarde. Mindestens eine von ihnen ist Protestantin: die Ehefrau des Kommandanten der Schweizergarde. Mehr als zweihundert Mönche und Nonnen sowie über vierzig Laien leben im Vatikan, ohne seine Staatsbürgerschaft zu besitzen.

Ihre Lebensregungen sind eher unauffällig, freilich gibt es im Vatikan auch Leute wie den Garde-Korporal Pino Coco, der ein Motorrad Marke Harley Davidson fährt und auch öfters in den Vatikanischen Gärten Radtraining macht, den Hügel hinauf, vorbei an gepflegten Rabatten und Buchsbaumhecken, die in wundersamen Formen geschoren sind. Die Gardisten haben auch einen eigenen Fußballclub, den FC Guardia, und regelmäßig messen sie ihre Kräfte mit den Teams des *Osservatore Romano*, der Vatikanischen Museen, des Geheimarchivs, der Post, der Vatikanbank IOR oder der technischen Abteilungen. Im Frühling 1998, während einer mehrwöchigen Asien-Synode, wurden morgens regelmäßig auch ein gutes Dutzend Bischöfe in den vatikanischen Gärten beim Joggen gesehen.

Ein Ort für Freizeitvergnügungen wird der Staat des Papstes damit noch nicht. Gebet und Arbeit zeichnen hier die Tage. Früh um sieben Uhr begeben sich die Franziskanerpatres aus dem Palazzo del Tribunale in die Beichtstühle von St. Peter. Sie sind zu dreizehnt, stammen aus verschiedenen Ländern, sind in Sprachen bewandert, in kanonischem Recht und Moraltheologie geprüft von einer Kommission des Apostolischen Bußgerichts. Die Beichtväter arbeiten schichtweise, je 24 Stunden die Woche und je vier Stunden am Tag, denn länger kann man sich kaum konzentrieren. Katholiken aus aller Welt sagen ihnen ihre Sünden ins Ohr, darunter viele Priester und Ordensleute, und niemals dürfen die Patres darüber reden. Es ist eine schwere Belastung, wie einer der Beichtväter zugibt. Manche tragen diese Mühsal schon seit Jahrzehnten und würden lieber einmal etwas anderes tun, der Job ist keineswegs begehrt. »Hier kann allerhand ankommen«, sagt der Kapuziner.

Daß die Orden im Vatikan gewisse Aufgaben wahrnehmen, hat Tradition. So wie die sogenannten konventualen Franziskaner für die Beichte in St. Peter zuständig sind, ist den Jesuiten Radio Vatikan übertragen, die vatikanische Druckerei den Salesianern und die Post dem *Ordine di Don Orione,* wobei unter der Leitung der Ordensbeauftragten jeweils auch Laien als Beschäftigte wirken. In der Telefonzentrale sitzen Nonnen der *Famiglia Paolina,* in der Apotheke führen die Barmherzigen Brüder das Heft, die Augustiner besorgen die päpstliche Sakristei, päpstlicher Haustheologe ist traditionell ein Dominikaner, und Prediger des Päpstlichen Hauses ist der Kapuzinermönch Raniero Cantalamessa.

Er hält vor großen Festtagen geistliche Betrachtungen, in die prächtige *Sala Clementina* werden dazu von der Präfektur des Päpstlichen Hauses alle Kardinäle und Patriarchen geladen, ferner die Erzbischöfe und Bischöfe, die Sekretäre der Kongregationen, die Prälaten der Päpstlichen Familie, der Römischen Kurie und des Vikariats von Rom sowie die Generaloberen und Bevollmächtigten der Orden, die der Päpstlichen Kapelle angehören.

Dies ist die Lebenswelt des Vatikans, und wenn der Papst einen Diplomaten empfängt, dann geschieht dies nach festem Zeremoniell. Ein Attaché des päpstlichen Vorzimmers und zwei Kammerherren Seiner Heiligkeit holen den Gast ab, im Sankt-Damasus-Hof erweist die Schweizergarde ihm die Ehre. Am Fahrstuhl wartet ein weiterer Kammerherr, auf dem Papstflur in der zweiten Loggia stehen weitere Attachés sowie die *Sediari*, die einstigen Träger des päpstlichen Tragesessels, die nach dessen Außerdienststellung andere Aufgaben haben. In der *Sala Clementina* empfängt der Prälat des Päpstlichen Vorzimmers den Besucher, um ihn in die Privatbibliothek zum Papst zu führen. Für Staatsbesucher ist das Protokoll noch ausladender, es stehen dann zur Begrüßung auch der Präfekt des Päpstlichen Hauses, der Sonderbeauftragte der Päpstlichen Kommission für den Staat der Vatikanstadt und der Kommandant der Schweizergarde bereit, ferner der Päpstliche Almosenverwalter und der Thronassistent, der ein römischer Fürst ist.

Feiert der Papst aus besonderem Anlaß eine Messe, dann gibt Monsignore Piero Marini, der Meister der Päpstlichen Liturgischen Feiern, dafür Anweisungen zur Kleiderordnung aus. Das Gewand richtet sich nach dem Rang, denn der Vatikan ist in straffer Hierarchie verfaßt. Die 1300 Priester sind die herrschende Kaste, sie steigen nach fünf Jahren vom Don zum Monsignore auf, nach weiteren zehn Jahren zum Ehrenprälaten Seiner Heiligkeit, danach zum Apostolischen Protonotar oder zum Bischof, Erzbischof und Kardinal. Kardinäle redet man als Eminenzen an, Bischöfe als Exzellenzen, den Papst als Seine Heiligkeit.

Der Vatikan ist eine höfische Gesellschaft, eine absolutistische, religiöse Monarchie, in welcher der Papst gleichzeitig Präsident, Regierungschef, Parlament und Oberstes Gericht ist und alle wichtigen Personalentscheidungen trifft. Die Kurie ist sein Instrument zur Leitung der Kirche, zergliedert nach sogenannten Dikasterien. Dies sind das Staatssekretariat als zentrale Stabsstelle, die drei Gerichtshöfe, drei sogenannte Büros sowie die neun Kongregationen und elf Päpstlichen Räte. Es gibt unter anderem Kongregationen für Glaubensdoktrin, für Bischöfe, Klerus, Orden, Gottesdienst und Heiligsprechung. Päpstliche Räte sind unter anderem befaßt mit den Laien, den Familien, den Medien, dem Dialog der Religionen oder der Krankenseelsorge.

Nur die wenigsten dieser Behörden sind in der Vatikanstadt ansässig, denn die ist zu klein dafür. Sie residieren vielmehr in extraterritorialen Gebäuden in Rom, großenteils in unmittelbarer Nähe. Mit Ministerien lassen sich die vatikanischen Ressorts nur bedingt vergleichen. An ihrer Spitze stehen Kardinäle oder Erzbischöfe, sie präsidieren einem mehr oder minder großen Kollegium von anderen Kardinälen und Bischöfen aus aller Welt, die einmal jährlich Vollversammlung halten. Auch die Bediensteten kommen aus aller Welt, man arbeitet in mehreren Sprachen, wiewohl die Italiener noch immer das stärkste Kontingent stellen und italienisch noch immer die Umgangssprache der Kirchenelite ist.

Höchst altertümlich sind die Dienstbezeichnungen. Da gibt es unter den Abteilungsleitern Leute, die als *minutante* (Schreibkraft), *aiutante di studio* (Kanzleigehilfe), oder *adetto di segreteria* (Sekretariatsangestellter) erster und zweiter Klasse tituliert werden; in Wahrheit sind sie Akademiker und würden anderswo als Ministerialräte und Referenten angesprochen. Auch technische Angestellte und *scrittori* (Schreiber) sind in eine erste und eine zweite Klasse unterteilt.

Alle führenden Funktionen und auch viele normale Beamtenstellen sind mit Geistlichen besetzt, insofern ist der Vatikan ein Priesterstaat. Einige Laien sind indes inzwischen bis zur Ebene der Untersekretäre aufgestiegen, was etwa dem Rang eines Staatssekretärs entspricht. Priester sind speziell ausgebildet und dem Papst besondere Treue und Gehorsam schuldig, ihre Ehelosigkeit macht sie verfügbar, erst mit siebzig Jahren gehen sie in Pension, und Überstunden bekommen sie nicht bezahlt. »Das ist die Schlagkraft der Kirche«, sagt ein Geistlicher.

Geld darf keine Rolle spielen. Vatikanbeschäftigte verdienen zwischen etwa 800 und 1250 Euro im Monat, Steuern sind davon nicht zu zahlen, wohl aber Renten- und Krankenkassenbeiträge von rund zehn Prozent. Nur hohe Geistliche bekommen mehr, Kardinäle etwa zweitausend Euro plus Zulagen je nach Betätigung. Wer von ihnen in einem der zahlreichen Häuser wohnt, die die Kirche und ihre Untergliederungen in Rom besitzen, zahlt zudem eine sehr günstige Miete.

Auch die Arbeitszeit ist kommod. Seit 1982 gilt die 36-Stunden-Woche, meist arbeitet man montags bis samstags von acht bis 14 Uhr (und mancher Laien-Angestellte beim Staat der Vatikanstadt übt nachmittags einen Zweitberuf in Rom aus). Gekündigt werden können Vatikanbeamte nicht, Versetzungen sind einvernehmlich zu regeln.

Dies heißt nicht etwa, daß der Vatikan gewerkschaftsfreundlich wäre, im Gegenteil: Die Vereinigung der Laienbediensteten des Vatikans (ADLV), die unter einem großen Torbogen am Belvedere-Hof ein Büro und einen Besprechungsraum hat, bemüht sich seit Jahren vergebens um nachhaltige Interessenvertretung. 14 Jahre lang existierte die 1979 gegründete Organisation gewissermaßen im Untergrund, erst 1993 erkannte Papst Johannes Paul II. sie als Gesprächspartner an. Gleichwohl fühlt sie sich im Alltag diskriminiert, ihr Einfluß ist gering. Tarifverhandlungen gibt es nicht, sondern allenfalls Gespräche mit dem 1989 gegründeten Büro für Arbeit des Apostolischen Stuhls. Die Zahl der Mitglieder der Laienvertretung geht seit Jahren stetig zurück, von gut zweitausend auf weniger als sechshundert.

Die rund 1300 Priester sind überhaupt nicht organisiert. Dafür haben manche von ihnen Arbeitsplätze, die ihresgleichen suchen. Wer etwa den Monsignore Vittorio Formenti besucht, den Leiter des Statistischen Büros der Kirche, der wird von Schweizer Gardisten über marmorne Treppen und Flure geleitet, vorbei an Wandgemälden. Im Besucherzimmer nimmt man auf barocken Sitzen Platz, doch steht die aus Jahrhunderten ererbte Pracht durchaus im Gegensatz zur kargen personellen Ausstattung der Büros. »Wir machen alles selber«, sagt Monsignore Formenti. Sekretärinnen haben nur die großen Chefs, also nehmen Sachbearbeiter selbst Notizen auf, ziehen Fotokopien und schreiben Texte auf Computer oder Schreibmaschine. Monsignore Formenti hat früher 16 Jahre lang die Korrespondenz des Papstes gesichtet, tausend Briefe täglich in drei Säcken. Er weiß, daß für die vermutlich weit weniger umfangreiche Post des italienischen Staatspräsidenten 16 Bedienstete aufgeboten sind, »und wir waren vier«.

Der Apparat Seiner Heiligkeit arbeitet in vieler Hinsicht effektiv, aber »es kann auch ganz schnell etwas versenkt werden«, wie ein hoher Vatikanbeamter sagt. Die Urteile sind nicht einheitlich. Es gibt Diplomaten, die des Lobes voll sind über ihre Erfahrungen mit bestimmten Abteilungen, und es gibt den früheren Innsbrucker Bischof Reinhold Stecher mit dem Vorwurf, manche Gesuche würden zehn Jahre lang nicht bearbeitet. Nahezu sprichwörtlich ist die Bemerkung des venezolanischen Kurienkardinals Rosalio José Castillo Lara von der *inertia vaticana,* der vatikanischen Trägheit, geworden. Und Papst Johannes XXIII. (1958–1963) hat einmal bei einem Besuch des damaligen US-Präsidenten Dwight D. Eisenhower auf dessen Frage, wie viele Leute im Vatikan arbeiteten, grinsend geantwortet: »Ich hoffe, die Hälfte.«

Dabei sind die Wege kurz, man kann fast jeden anrufen, außer den Papst natürlich. Groß ist intern die Bandbreite der Meinungen. »Der Vatikan ist vielstimmig«, sagt ein Insider, und ein anderer ergänzt: »Der Vatikan sieht nach außen aus wie eine homogene Struktur, aber ich habe selten etwa so Heterogenes gesehen.« Ein dritter meint: »Es wird nach oben hin immer enger, je mehr sich die Pyramide zuspitzt.« Auf allen Stufen aber sind sich die Beschäftigten bewußt, daß sie bei einem ganz besonderen Arbeitgeber tätig sind, und viele sind sehr stolz darauf, für den Papst zu arbeiten. Unter römischen Arbeitnehmern ist ein Job beim Vatikan, etwa als Gärtner oder Gabelstapelfahrer, sehr begehrt, die Nachfrage ist weit größer als der Bedarf.

Die Dienstleistungen, die das Unternehmen bietet, sind sonst nirgends auf der Welt zu finden. Es gibt da beispielsweise, auch für Außenstehende über die Porta Sant' Anna zugänglich, die Apostolische Almosnerei, auf italienisch *Elimosineria Apostolica* geheißen. Sie besteht seit wenigstens acht Jahrhunderten, und sie verteilt im Namen des Papstes bescheidene Spenden an Arme, Witwen und Waisen sowie an karitative Organisationen. Ihr Sitz befindet sich hinter dem Annen-Tor in der Via del Pellegrino, und im Erdgeschoß trifft man auch auf eine Amtsstube, in der man mittels Antragsformular für katholische Verwandte oder Freunde den Apostolischen Segen des Papstes bestellen kann, aus Anlaß einer Hochzeit oder eines runden Geburtstags zum Beispiel. Der Beschenkte erhält eine Pergamenturkunde, auf der in Schönschrift der Segensgruß und sein Name eingetragen sind. An einer Pinwand sind insgesamt vierzig verschiedene Modelle zur Auswahl ausgehängt, zum Preise von etwa drei bis zwanzig Euro; der Erlös ist für die Armen bestimmt. Es herrscht reger Betrieb, am Tag werden im Schnitt mehr als zweihundert solche Papstsegen ausgegeben.

In seinem Zimmer brennt noch Licht

Zwischen Akten und Audienzen: der lange Arbeitstag Johannes Pauls II.

Betritt man abends den leeren Petersplatz und blickt hinauf zum apostolischen Palast, dann sieht man oft in seinem Arbeitszimmer noch das Licht brennen. Das zweite Fenster von rechts im obersten Stock ist erleuchtet, und man weiß: Der Papst hat noch zu tun. Sein Achtzehn-Stunden-Tag ist noch nicht zu Ende, und oft ist sein Sekretär im Nachbarzimmer links daneben ebenfalls noch an der Arbeit. Abends liest der Papst meistens Dokumente oder Bücher. Morgens schreibt er – von Hand, mit einem Filzstift und in polnischer Sprache. Hin und wieder kommt ein Bote vorbei mit einer großen schwarzen Tasche. Um die Mittagszeit trifft der Papst viele Menschen, und daß es ihn zwischendurch immer wieder in die Stille zieht zum Beten, jeden Tag ein paar Stunden lang, auch das gehört zum Job. Anders wäre der vielleicht ja gar nicht auszuhalten.

Der Papst ist immer im Dienst, und wenn er nicht gerade auf Reisen ist, dann übt er seinen Beruf im Vatikan aus, im Apostolischen Palast, der sich weit vor der Peterskirche auf der rechten Seite über den Petersplatz erhebt. Nur besonderen Gästen, Staatsbesuchern, Botschaftern oder Bischöfen beispielsweise, ist es vergönnt, dieses Gebäude zu betreten. Sie fahren meist im Sankt-Damasus-Hof vor. Ein legendärer Fahrstuhl, mit dunklem Edelholz vertäfelt und von einem Mann in dunkelblauer Livree bedient, bringt die Besucher in die oberen Stockwerke zu den verglasten Loggien, von denen aus es auf glänzendem Marmor in die päpstlichen Gemächer geht. Schweizer Gardisten bewachen Eingänge und Fahrstuhl, hackenknallend lösen sie sich ab im Dienst, und in seinem Rollstuhl wird gelegentlich der polnische Kardinal Andrzej Maria Deskur abgeholt, ein persönlicher Freund des Papstes.

Polen, die Heimat, ist Karol Józef Wojtyła auch in Rom nahe, nicht nur in Gedanken. Fünf Nonnen der Kongregation des Heiligen Herzens Jesu aus Krakau besorgen seinen Haushalt. Sie leben mit ihm im weitläufigen Appartement im obersten Stock des Apostolischen Palastes, ebenso die zwei Privatsekretäre. Einer der beiden, Stanislaw Dziwisz, dient Johannes Paul II. nicht erst seit dessen Wahl zum Papst 1978, sondern stand ihm schon seit 1966 in Krakau zur Seite; in Anerkennung seiner Dienste beförderte ihn der Papst 1998 zum Bischof. Dziwisz hat große Macht, denn er entscheidet mit darüber, wer überhaupt zum Papst vorgelassen wird, und er ist es, der die begehrten Einladungen zur Frühmesse um sieben Uhr in die päpstliche Privatkapelle ausspricht.

Teilnehmer haben es als einen überaus starken Eindruck in Erinnerung behalten, Johannes Paul II. bei solchem Anlaß unter dem gläsernen Deckenmosaik der Kapelle als »Mann Gottes« erlebt zu haben, als Hohepriester, der durch lange Pausen eine weihevolle Lautlosigkeit erzeugte, der in äußerster Sammlung und innerster Versenkung die Eucharistie zelebrierte. Ein erhebendes Erlebnis ist es zudem für gläubige Katholiken, nach einer solchen Messe in einem Nebenraum vom Papst persönlich begrüßt und mit einem Rosenkranz beschenkt zu werden.

Als Reporter Recherchen über das anzustellen,

was man profan die Arbeit und den Alltag des Papstes nennen könnte, heißt, sich in den Wandelhallen der Diskretion zu bewegen. Man kann den Papst nicht einfach interviewen. Man trifft Personen, die den Papst getroffen haben, und ihre Berichte stimmen in manchem genau überein. Demnach ist Johannes Paul II. ein Gesprächspartner, der sich gut vorbereitet, intensiv und geduldig zuhört, präzise nachfragt, ein phänomenales Gedächtnis hat und über seine Kirche und die Weltpolitik detailgenau informiert ist. Fließend parliert er in einem halben Dutzend Sprachen, seit früher Jugend auch in deutsch, und offenbar versteht er es, durch schalkhafte Heiterkeit eine zwanglose, menschlich angenehme Atmosphäre zu erzeugen, so daß man »nicht das Gefühl hat, man müßte eine Kniebeuge machen oder ihm die Hand küssen«, wie ein Insider sagt.

Johannes Paul II. sucht die persönliche Begegnung. Er ißt nicht allein in mönchischer Einsamkeit wie seine Vorgänger, sondern lädt sich zum Mittags- oder Abendmahl in seine Wohnung immer wieder Gäste ein: Bischöfe, Priester, Behördenleiter, Buchautoren, Theologen oder alte Freunde. Unter einem frommen Triptychon sitzen die Besucher ihm auf hohen Stühlen an der Längsseite des Tisches gegenüber, die Privatsekretäre nehmen die Stirnenden ein. Die Nonnen kochen italienisch oder polnisch, es serviert ein italienischer Butler namens Angelo Gugel, und Johannes Paul II. gießt ein bißchen Wasser in seinen Wein, wie der amerikanische Journalist Tad Szulc als Gast beobachtete, der eine höchst bemerkenswerte Biographie über den Papst verfaßt hat.

Manchmal trinkt der Pole Wojtyła auch ein Schlückchen polnischen Wodka, jedenfalls hat er das früher getan. Und manchmal stellt er dem Gast bei Tisch so viele Fragen, daß dieser überhaupt nicht zum Essen kommt; ein US-Kardinal hat jedenfalls berichtet, er sei nach der Mahlzeit beim Papst erst einmal in eine Trattoria in der Nähe des Vatikans gegangen, um satt zu werden.

Man sieht daran, daß solche Essen oft Arbeit sind, aber offenkundig ist der Austausch mit Menschen dem Pontifex Maximus eher Lust als Last, und immer wieder richtet er sich bei der Begegnung mit anderen aus Zuständen der Ermattung erleichtert auf. Am Sonntagmittag beispielsweise, beim Angelus-Gebet, ist der mählichen Lockerung seiner starren Gesichtszüge abzulesen, wie sehr es ihn beflügelt, wenn eine polnische Pilgergruppe ihm mit gelben Tüchern zujubelt. Sprechchöre kommen auf, ein Marienlied erklingt, und Johannes Paul II. summt vor offenem Mikrofon passagenweise mit. Gelöst hebt er die Hand, wirft eine polnische Bemerkung vom rotsamten verhängten Balkon seines Sommersitzes in Castelgandolfo hinunter und lacht.

Der sonntägliche Angelus zählt zu den Festposten eines Terminplans, der das Leben des Papstes in eine Serie von Verpflichtungen zergliedert. Die Tage gleichen einander, von der Frühmeditation über die Bürostunden, die Audienzen und die Essenszeiten bis zum Nachtgebet. Fast täglich kommt Kardinal-Staatssekretär Angelo Sodano, der seine Wohn- und Arbeitsräume unter denen des Pontifex hat, im päpstlichen Arbeitszimmmer vorbei, manchmal vertritt ihn auch Erzbischof Giovanni Battista Re, der sogenanne Stellvertreter für die allgemeinen Angelegenheiten, oder Erzbischof Jean-Louis Tauran, der sogenannte Sekretär für die Beziehungen zu den Staaten, der Außenminister gewissermaßen. In koffergroßen schwarzen Taschen hat das Staatssekreteriat als Stabstelle des Papstes zuvor die anfallenden Akten übersandt.

Andere Vatikanbehörden, namentlich die neun Kongregationen und die elf Päpstlichen Räte, haben seltener Gelegenheit zum persönlichen Austausch mit dem Oberhaupt. Einmal wöchentlich jedenfalls sprechen Kardinal Joseph Ratzinger, der Präfekt der Glaubenskongregation, und Kardinal Lucas Moreira Neves, der Präfekt der Bischofskongregation, vor, zwei Schwergewichte im Kreise der Ressortchefs. Im Dialog bildet sich der Papst seine Meinung. »Er sieht sich, bevor ich komme, die Akten an und will dann gründlich informiert werden«, berichtet Ratzinger. Oft werden auch Gesprächskreise zusammengerufen, vorzugsweise dienstags, weil dieser Tag frei ist von laufenden Terminen. Im Teamwork entstehen Enzykliken und andere wichtige Dokumente, die der Papst auch dann, wenn er den ersten Entwurf selber schreibt, in vielen Durchgängen mit seinen Spezialisten überarbeitet.

Bischöfe und Kardinäle sind diejenigen, mit denen Johannes Paul II. vermutlich den größten Teil seiner Dienstzeit verbringt. Es gibt in der katholischen Kirche die Einrichtung der sogenannten Besuche *ad limina Apostolorum,* der Reisen »zu den Schwellen der Apostel« – »ein Führungsinstrument des Papstes«, wie ein Vatikanbeamter sagt. Alle fünf Jahre haben die Diözesanbischöfe aus allen Kontinenten im Vatikan zum Rapport anzutreten, gruppenweise und im Turnus, nach Ländern eingeteilt. Sie besuchen die Ämter der Kurie, diskutieren Arbeitsberichte und Statistiken, die sie vorher einzureichen hatten, jeder einzelne führt ein Gespräch mit dem Papst. Gruppenweise bittet dieser dann zu Tisch, eine Audienz rundet den Austausch ab, und anderntags ist im *Osservatore Romano* ein Gruppenfoto nebst Ansprachen abgedruckt.

Daß der Vatikan die Weltzentrale des Katholizismus ist, ein Ort der spirituellen Steuerung von sehr eigener Art, kommt bei solchen Anlässen ebenso zum Ausdruck wie beim Empfang bedeutender Politiker. Der Papst lädt niemanden zum Staatsbesuch ein, sondern gewährt Audienzen, die auch bei Großkalibern nur ausnahmsweise länger als eine halbe Stunde dauern. In seiner Privatbibliothek, die sich im Stockwerk unter seiner Wohnung befindet, sitzt er dann auf schweren Teppichen unter vier Augen beisammen mit dem Gast, dessen Begleiter anschließend hereingerufen werden und sich aufreihen. Ein Tischchen nimmt Geschenke auf, Fotografen werden eingelassen, im Sankt-Damasus-Hof liegen rote Teppiche aus, und die Schweizergarde tritt an in geschlossener Formation.

Johannes Paul II. versteht sich nicht als Politiker. Wo andere ihm einen Anteil am Zusammenbruch des Kommunismus zuschreiben, sieht er »das Handeln Gottes in der Geschichte unseres Jahrhunderts«. Mag sein Stellenwert sich darin niederschlagen, daß inzwischen rund 170 der knapp 200 Staaten dieser Welt mit dem Heiligen Stuhl diplomatische Beziehungen unterhalten – der Papst ist vor allem anderen Seelsorger und Missionar, steht »im Kampf um die Seelen dieser Welt«, wie er in dem Buch »Die Schwelle der Hoffnung überschreiten« schreibt.

Als Hirte einer Herde sieht er sich, und so erklärt sich, warum er Woche für Woche an jedem Mittwochvormittag auf dem Petersplatz oder, bei schlechtem Wetter, in der überdachten Audienzhalle jene Generalaudienz für die Pilgermassen abhält, deren ewig gleicher Ablauf manch kritischem Betrachter auch im Vatikan als antiquiert vorkommt. Priester aus dem Staatssekretariat begrüßen in verschiedenen Sprachen die oft mehr als zehntausend

Versammelten und benennen Einzelgruppen, die sich winkend und singend zu erkennen geben. Der Papst, in jüngerer Zeit erkennbar beschwert von Alter und Krankheit, hält eine Ansprache, erst auf italienisch, dann fließend oder auch gebrochen in einem Dutzend weiterer Sprachen.

Augenscheinlich bewegt es die immer neuen Besucher aus allen Kontinenten immer wieder, auf diese Weise sinnenfällig die Universalität ihrer Kirche zu erleben und zugleich persönlich angesprochen zu werden. Die Person des Papstes wird zum Sehnsuchtsziel, seine Arbeit damit zum argen Streß. Der Leiter der sogenannten *Casa Pontificia* (des päpstlichen Hauses) kann sich als Cheforganisator der Audienzen kaum retten vor Anfragen nach persönlicher Begegnung, und sei es nur beim sogenannten *baciamano*, dem Handkuß.

Es gibt da nämlich unter den Zehntausend einige Hundert, die nach der Großaudienz noch einzeln vorgelassen werden, ein paar Sätze wechseln und Hand oder Ring des Pontifex küssen dürfen. Feingekleidete Afrikaner reihen sich dann beispielsweise auf, Damen aus Europa, frischgetraute Brautleute aus Rom. Geleitet von befrackten Protokollbeamten, schließen sich ein italienischer Bürgermeister und ein Pfarrer an, die den Grundstein einer neuen Kirche segnen lassen. Und Johannes Paul II., obwohl nicht gut auf den Beinen, nimmt unter seinem Baldachin geduldig das Defilee entgegen, drückt fünfzig Gelähmten, die in Rollstühlen an ihm vorübergeschoben werden, die Hände, läßt sich mit zwei Chören fotografieren und schreitet Absperrungen ab, hinter denen sich tausend Arme nach ihm recken.

Es gibt Leute, die nicht zuletzt wegen solcher Strapazen den Beruf des Papstes für mörderisch halten, gar von einem »Höllenleben« sprechen wie Professor Corrado Manni, einer der Ärzte, die den Papst im Oktober 1996 am Blinddarm operiert haben. Sein Kollege Francesco Crucitti riet Seiner Heiligkeit damals öffentlich zum Kürzertreten, auch im Kardinalskollegium fehlt es nicht an mahnenden Stimmen. Jeden Tag all die Termine, all die Verantwortung, all die Selbstdisziplin, und keine Trennung zwischen dienstlich und privat, kein Entkommen aus dem Vatikan in die nächste Kaffeebar oder in ein Restaurant. Nur ab und zu einmal ein kleiner Ausflug in die Abruzzen, ein Spaziergang in den Bergen. Früher fuhr er bei solcher Gelegenheit auch manchmal Ski.

Johannes Paul II. hat dem Vernehmen nach lange Zeit mit einer »heiligen Starrköpfigkeit«, wie er sie selbst am Apostel Paulus rühmt, spürbare Abstriche an seinem Arbeitsprogramm abgelehnt. Auch die vielen Reisen hat er kaum reduziert, und eisern hält er an den regelmäßigen Sonntagsbesuchen in den römischen Vorstadtpfarreien fest, knapp dreihundert hat er davon bis zum Sommer 1999 absolviert. Einmal im Jahr tut er auch Dinge, die ein ganz normaler Pfarrer im Programm hat: Er hört Beichte in der Peterskirche und er spendet Neugeborenen in der Sixtinischen Kapelle die Taufe. »Er ist Papst bis zum Äußersten«, sagt ein hoher Vatikanbeamter, »er lebt ganz bestimmt sein Pontifikat im Geiste der Selbstaufopferung.« Hat er nicht auch 1996 eine Blinddarmoperation hinausgeschoben, bis er zum vorbestimmten Termin jene dreizehn polnischen Bauern hatte seligsprechen können, die 1874 von zaristischer Soldateska erschossen worden waren, weil sie ihrem Glauben nicht abschwören wollten? Ungebrochen saß er vor fünfzigtausend Menschen auf seinem Thron vor der Front des Petersdomes, im leuchtend grünen Meßgewand der unübersehbare Mittelpunkt einer gigantischen Konfiguration.

Oft zittert ihm bei solchen Auftritten die Hand, die den Text der Predigt hält, oft ist ihm auch die Zunge so schwer, daß seine Sätze nur mit Mühe zu verstehen sind. Seit dem Pistolenattentat des Türken Mehmet Ali Agca am 13. August 1981 ist Johannes Paul II. gesundheitlich angeschlagen. Die spätere Entfernung eines Darmtumors und die Einpflanzung eines künstlichen Hüftgelenks schwächten ihn weiter, ebenso eine Nervenerkrankung, bei der es sich womöglich um das Parkinsonsche Syndrom handelt. Immer wieder nimmt er Medikamente zu sich.

Einen vorzeitigen Rücktritt aus Gesundheitsgründen halten Vertraute wie der polnische Kardinalsprimas Józef Glemp und andere Kenner dennoch für ausgeschlossen. Karol Józef Wojtyła ist so tief in der Mystik Polens und Spaniens verwurzelt und hat so oft vom religiösen Sinn des Schmerzes und des Opfers gesprochen, daß er vermutlich eher im Rollstuhl sein Amt fortführen würde als abzudanken. Als er einmal im Gemelli-Krankenhaus lag, feierte er die Messe liegend im Bett; so berichtete es später Bischof Piero Marini, der Meister der Päpstlichen Liturgischen Zeremonien, der ihm assistierte.

1994 hat Johannes Paul II. im übrigen in einer kaum beachteten Rede vom »Geschenk des Schmerzes« gesprochen. Er erinnerte an den früheren polnischen Kardinalsprimas Stefan Wyszynski, der ihm 1978 nach seiner Wahl zum Papst gesagt habe: »Wenn der Herr dich gerufen hat, mußt du die Kirche in das dritte Jahrtausend führen.« Karol Wojtyła hat damals, wie er berichtete, mit Ja geantwortet.

Des Papstes erster Diener

Kardinalstaatssekretär Angelo Sodano leitet die Stabsstelle der Weltkirche

Mit dem Papst steht er ständig in Verbindung. Akten gehen hin und her, oft finden auch persönliche Gespräche statt. Angelo Sodano ist schließlich der ranghöchste Mitarbeiter des Kirchenoberhauptes, sein Name ist im päpstlichen Jahrbuch unter dem Stichwort Römische Kurie als erster zu finden. Als *Segratario di Stato* leitet er das Staatssekretariat, das die Geschicke des Katholizismus in der ganzen Welt steuert und den päpstlichen Willen exekutiert. Sodano ist also die Nummer zwei der Kirchenhierarchie, und er hat seine Dienstwohnung im Apostolischen Palast gleich unter den Gemächern des Papstes.

Der hochgewachsene Geistliche, inzwischen über siebzig Jahre alt, ist Italiener, wie die meisten Kardinäle und Priester im Vatikan. Im Piemont als zweites von sechs Kindern eines Landwirts und christdemokratischen Parlamentsabgeordneten geboren, wurde er schon wenige Jahre nach Priesterweihe und Promotion in den Dienst des Vatikans berufen. Man entsandte ihn an die diplomatischen Vertretungen in Chile, Uruguay und Ecuador, danach diente er ein Jahrzehnt in Rom und wurde mit Missionen in Osteuropa betraut. Als Apostolischer Nuntius in Chile von 1977 bis 1988 hatte er wie alle päpstlichen Gesandten die Aufgabe, das politische Geschehen zu beobachten und zu beeinflussen und gleichzeitig als Aufseher der Zentrale über die örtliche Kirche zu wachen.

Es war eine Beförderung, daß Sodano danach

vom Papst im Staatssekretariat mit der Leitung der vatikanischen Außenpolitik betraut wurde, die heute in der Hand des französischen Erzbischofs Jean-Louis Tauran liegt. »Zweite Sektion – Beziehungen zu den Staaten«, heißt diese Abteilung im Jargon der Kurie. Die größere erste Sektion ist zuständig für allgemeine Angelegenheiten und wird derzeit von Erzbischof Giovanni Battista Re geführt, dem sogenannten Substituten, also Stellvertreter des Kardinalstaatssekretärs, der wie dieser eine Schlüsselstellung in der vatikanischen Bürokratie einnimmt.

Schon die Namensliste der Mitarbeiter im Staatssekretariat läßt erkennen, daß diese Schaltstelle der Weltkirche nicht nur in ihrer Reichweite universal ist, sondern auch in ihrer Zusammensetzung. Sachbearbeiter aus allen Kontinenten sind hier tätig, die Unterabteilungen sind nach Sprachgruppen gegliedert. Der deutschsprachigen Abteilung, derzeit geleitet von dem Augsburger Priester Bertram Johannes Meier, sind nicht nur Deutschland, Österreich und die deutschsprachige Schweiz zugeordnet, sondern nach längst verblichener Tradition auch Ungarn.

Es liegt in der Natur der Aufgabenstellung, daß das Staatssekretariat und seine Mitarbeiter bis hin zum Chef hinter dem Papst zurückstehen. Gleichwohl hat Sodano seinem Amt »eigenes Profil« gegeben, wie die Katholische Nachrichtenagentur urteilte. Er gilt als Konservativer und als guter Kenner des Apparats. Seit der Berufung an die Spitze des Staatssekretariats im Dezember 1990 achtete er darauf, daß der Vatikan mehr Distanz zu italienischen Politikern und Regierungsstellen wahre, auch die einst so engen Beziehungen zu den in viele Skandale verwickelten Christdemokraten kühlten ab.

Die Weltpolitik ist Sodanos Geschäft, und sprachlich ist er dafür bestens vorbereitet. Des Papstes erster Diener ist wie sein Herr und wie so viele Beschäftigte des Vatikans in vielen Zungen firm. Er spricht nicht nur italienisch, spanisch und französisch, sondern auch englisch und deutsch.

14 Priester und eine Theologin

Frauen sind in den Kurienbehörden und im Vatikanstaat nur eine kleine Minderheit

Es ist schon eine Zeitlang her, 25 Jahre etwa, seit Schwester Sharon Holland, eine Amerikanerin aus Michigan, zum ersten Mal in Rom eine vatikanische Behörde besuchte. Bis heute ist ihr gut erinnerlich, daß sie seinerzeit auch zum ersten Mal in ihrem Leben einen Mann sah, der Sekretärinnenarbeit verrichtete. Es war ein Priester, er tippte Texte ab. Das hat sich mittlerweile geändert. Es gibt in den Büros der Kurie inzwischen eine ganze Reihe von Sekretärinnen, manche Ordensfrau ist unter ihnen. Es gibt sogar weibliche Sachbearbeiter, und ja: eine leibhaftige Abteilungsleiterin, nämlich die sechzigjährige Schwester Sharon aus Michigan. In der Kongregation für die Institute des gottgeweihten Lebens und die Gemeinschaften des apostolischen Lebens, welche für die Orden zuständig ist und ihre Akten in rosa Hüllen für die Mönche, in weißen für die Nonnen führt, fungiert die studierte Kirchenrechtlerin als einer von vier sogenannten Bürochefs.

Höher geht es im Vatikan für Frauen nicht hinauf. Auf der Führungsebene sind sie als sogenannte Untersekretäre, Sekretäre oder gar Präfekten nicht geduldet. Nur Männer geben in der katholischen Kirche seit eh und je den Ton an, noch in jüngerer Zeit hat Papst Johannes Paul II. die Weihe von Frauen zu Priestern kategorisch ausgeschlossen mit dem Argument, Christus selber habe das Amtspriestertum den Männern übertragen. Gleichwohl rühmt er »den Genius der Frau« und hat sich 1995 in einem

»Brief an die Frauen« nachdrücklich gegen die andauernde Ausbeutung, Benachteiligung, Verkennung und Unterbewertung der Frauen gewandt. Gleicher Lohn für gleiche Arbeit, gerechtes Vorankommen im Beruf, rechtliche Gleichstellung, Frauen in Führungspositionen, Frauenförderpläne – das sind Postulate, die auch der Papst im Munde führt.

Es gibt genügend Katholikinnen, die sie auch in der Kirche verwirklicht sehen wollen. Bei seiner ersten USA-Reise 1979 mußte Johannes Paul II. aus dem Mund von Theresa Kane, der Sprecherin der amerikanischen Nonnen, öffentlich die Forderung nach Zulassung der Frauen zum Priesteramt vernehmen. Mehr Mitwirkung in wichtigen Gremien will auch die Internationale Union der Generaloberinnen der Frauenorden, und noch 1999 erklärte Mutter Teresa Simionato, die Präsidentin der italienischen Äbtissinnenvereinigung: »So wie die weiblichen Abgeordneten im Parlament mehr Macht fordern, müssen auch wir Ämter übernehmen dürfen, die bisher nur dem Klerus vorbehalten sind.« Freien Zugang zu allen kirchlichen Ämtern verlangen auch Verbände, etwa die Katholische Frauengemeinschaft Deutschlands.

Wie eine Revolutionsbotschaft mutet dies im Zentrum des Katholizismus an. Im Vatikan sind Frauen eine Minderheit, nur eine Nebenrolle ist ihnen zugedacht. Sie treten auf als Haushälterinnen und Köchinnen, Schreibkräfte, Telefonistinnen, Verkäuferinnen und Krankenhelferinnen, man weiß auch von den acht Clarissinnen, die in den Vatikanischen Gärten in Gebetsklausur leben und nebenbei für den Papst einen kleinen Biogarten betreuen. Bei großen Gottesdiensten dürfen Frauen allenfalls einmal einen Bibeltext verlesen, und nur rund 25 der gut fünfhundert Bürger des Staates der Vatikanstadt sind weiblich; es sind die Gattinnen und Töchter von Laienbediensteten und von höheren Chargen der Schweizergarde.

Indes sind auch in der Kurie zaghafte Ansätze eines Wandels zu registrieren. Es gibt da etwa die 46jährige Marie Hendrickx, eine promovierte Theologin belgischer und französischer Nationalität, die als Sachbearbeiterin in der Kongregation für die Glaubensdoktrin beschäftigt ist – die erste und einzige Frau und erste und einzige Laiin unter den 15 Referenten ihrer Abteilung; ihre 14 Kollegen sind Priester. Sie fühlt sich wohl dort und anerkannt, und sie empfängt die Kollegen jeden Morgen um elf Uhr zu einer Teepause. Ansonsten sind im Hause des Heiligen Uffiziums nur noch drei Sekretärinnen und eine Bibliothekarin tätig.

In anderen Behörden sieht es ähnlich aus. An einer Hand lassen sich im Päpstlichen Jahrbuch, dem Personalverzeichnis der Kurie und der Diözesen, die Frauen abzählen, die etwa in den Ressorts für Heiligsprechung, Gottesdienst, Klerus und Bischöfe tätig sind, und zwar in unteren Rängen. Im Staatssekretariat, der Stabsstelle der Weltkirche, waren Ende 1998 nur 14 von 184 Positionen, und zwar untergeordnete, mit Frauen besetzt. Weit besser sieht es bei den Päpstlichen Räten für Frieden und Gerechtigkeit, für Laien und für die Familie aus, auch bei Radio Vatikan sind relativ viele Frauen beschäftigt, eine gehört sogar der fünfköpfigen Generaldirektion an. Ansonsten sind Frauen generell eine kleine Minderheit, die Chefs sind fast immer Priester, also Männer, so auch im Statistischen Büro der Kirche, wo indes vier von sechs Angestellten weiblich sind.

Mit höherer Theologie haben diese Kräfteverhältnisse meist nichts zu tun, schon gar nicht beim

Osservatore Romano, wo nicht eine einzige Frau als Journalistin wirkt. Auch die Internationale Theologische Kommission oder die Päpstliche Bibelkommission, zwei wissenschaftliche Beraterkreise, müßten nicht aus lauter Männern bestehen. Es gibt sogar Beamte im Vatikan, die meinen, auch in die Position des Untersekretärs, die in einem Ministerium dem Staatssekretär entspräche, sollte man einmal eine Frau berufen, etwa in der Ordenskongregation, zumal es weltweit fast doppelt soviel Nonnen gibt wie Priester und Mönche zusammengenommen, rund 820.000.

Mehr Frauen in den Vatikan – womöglich ist es gar nicht so schwierig zu bewerkstelligen, wie mancher denkt. »Das hängt von der Rekrutierung ab«, sagt die Theologin Marie Hendrickx. Ist in einer Kurienbehörde eine Stelle neu zu besetzen, so hören sich die Oberen zumeist recht unsystematisch bei ihnen bekannten Bischöfen oder Professoren um, die ihrerseits ja durchaus einmal eine kompetente Frau statt eines jungen Priesters empfehlen könnten. So war es jedenfalls 1989 im Fall von Marie Hendrickx. Sie ist freilich überzeugt, daß auch höhere Fügung im Spiel war – von seiten des Heiligen Geistes. »Ich habe«, sagt sie, »nie gedacht, daß ich hier einmal arbeiten würde.«

Weihwasser gegen den Fürst der Finsternis

Auch im dritten Jahrtausend läßt die Kirche nach festen Regeln den Teufel austreiben

Der Befehl an Beelzebub ist immer noch der alte. »Weiche, Satan«, sagt der Priester, »im Namen des Vaters, des Sohnes und des Heiligen Geistes.« Ein Kreuz wird hochgehalten, Weihwasser gesprengt, der Geistliche legt Hände auf, spricht Psalmen und Gebete, und man singt. Auf diese Weise soll in der katholischen Kirche auch im dritten Jahrtausend nach Christus aus Personen, die man für besessen hält, der Teufel ausgetrieben werden.

Daß »der böse Feind«, wie er im Kathechismus heißt, auch heute noch am Wirken sei, unterliegt im Vatikan, allem Spott von Andersgläubigen zum Trotz, keinem Zweifel. Dämonen sind nach katholischer Doktrin gefallene Engel, ihr unheilvoller Einfluß äußere sich durch Lüge, Betrug und Verwirrung. »Heute kann man sagen, daß in der Welt die Lüge herrscht; Menschen zu betrügen, ist durchaus üblich«, meint der chilenische Kardinal Jorge Arturo Medina Estévez, der Präfekt der vatikanischen Kongregation für Gottesdienst und Sakramente, der auch für die Bannung des Bösen zuständig ist. Vergötzung von Drogen, von Geld, von Sex – für die Kirchenführer alles Teufelswerk. Dem »Fürsten der Finsternis« Einhalt zu gebieten, sieht der Vatikan als einen Auftrag des Religionsgründers Jesus an, der sich auch selbst als Exorzist betätigt habe, wie Johannes Paul II. sagt.

Kurz vor der Jahrtausendwende, im Januar 1999, hat der Papst ein neues Regelwerk in Kraft gesetzt, mit dem das Ritual des Exorzismus aktualisiert wurde – zum ersten Mal seit 1614. Darin wird keineswegs mit der jahrhundertealten Tradition gebrochen, vielmehr hat die zuständige Kongregation gemäß einem Auftrag des II. Vatikanischen Konzils nur die einschlägigen Riten sprachlich modernisiert und erweitert. Demnach darf niemand anderer als der zuständige Diözesanbischof die Genehmigung zum »großen Exorzismus« geben, nur ein Priester darf ihn ausführen. Wieviele Exorzisten in der Kirche tätig sind, ist nicht erfaßt, vermutlich sind es mehrere hundert. Sie haben heutzutage, und das ist neu, mit Psychiatern zusammenzuarbeiten und genauestens zu prüfen, ob jemand, der sich als besessen betrachtet, nicht einfach psychisch oder geistig krank sei, wie dies mancher Andersgläubige ganz generell vermuten mag.

Nur eine oder zwei von jeweils tausend Personen, die sich an Pater Gabriele Amorth, den Chef-Exorzisten der Diözese Rom, wenden, sind nach dessen Einschätzung tatsächlich Beute von Dämonen. Dies äußere sich in Geschrei, Gegeifer und heftiger Abneigung gegen sakrale Gegenstände, sagt der Mönch. Manchmal zeigten Betroffene auch übermenschliche Kräfte, berichteten geheime Dinge und sprächen Sprachen, die sie eigentlich gar nicht beherrschten. Pater Amorth erzählte Journalisten, er habe schon Leute sechs Zentimeter lange Nägel und große Glasstücke ausspucken sehen, ohne daß diese von Speichel genäßt gewesen seien.

In einigen Ländern, etwa in Italien, haben Exorzisten großen Zulauf, manche treten sogar in Fernsehdiskussionen auf. Der in Rom lebende sambische Bischof Emmanuel Milingo zog zeitweise zehntausende Gläubige an, seine Oberen geboten ihm indes Zurückhaltung. Auch in Santa Anna, der kleinen Pfarrkirche des Vatikan-Staates, wirkt ein Exorzist; es ist der greise Augustinermönch Davide Falcioni, bestellt vom Kardinal Virgilio Noè, dem Erzpriester von St. Peter und päpstlichen Generalvikar für die Vatikanstadt.

Teufelsaustreibung hat im Vatikan auch schon der Papst persönlich praktiziert. Der verstorbene französische Kardinal Jacques Martin, vormals Präfekt des Päpstlichen Hauses, berichtete 1993 in seinen Memoiren, im Jahre 1982 seien der Bischof von Spoleto und ein Pfarrer aus einem umbrischen Dorf mit einer besessenen jungen Frau zu Johannes Paul II. gekommen. Dieser habe die Beschwörungsformeln gesprochen und ihr damit geholfen. Laut Martin war der Papst von den Schreien und Zuckungen der jungen Frau sowie von ihrer späteren Beruhigung tief beeindruckt. Er habe das Geschehen als »eine biblische Szene« empfunden.

Die Manager des Mysteriums

Wie Pater Gumpel und Kollegen ihre Ermittlungen für die Heilig- und Seligsprechungen führen

Pater Gumpel liebt sie nicht, die großen Zeremonien; seit seiner Jugend hat er eine Abneigung dagegen, »eine rein subjektive Angelegenheit«, wie er entschuldigend sagt. Deshalb geht er, wenn wieder einmal der große Tag gekommen ist und einer seiner Fälle zum feierlichen Abschluß ansteht, nur selten hinüber zum Petersplatz. Gleichwohl empfindet er natürlich Freude über das Ereignis, vor allem für die vielen Leute, die von weit her gekommen sind und die in Beifall ausbrechen, wenn der Papst die heiligende Formel gesprochen hat. Nimmt Pater Gumpel doch einmal an der Veranstaltung teil, so sitzt er in einer der vorderen Reihen und hört zu in der sicheren Überzeugung, daß die Sache ihre Richtigkeit hat. Sonst hätte er die Akte ja gar nicht unterschrieben.

Heilig- und Seligsprechungsfeiern sind Besonderheiten im Leben der katholischen Kirche. Zehntausende Gläubige aus aller Welt füllen dann den Petersplatz, vor den Augen haben sie überlebensgroß die an der Vorderfront der Peterskirche befestigten Porträts derjenigen Frauen und Männer, die an diesem hellen Sonntagmorgen zur Ehre der Altäre erhoben werden. Chorknaben singen, Nonnen beten, Kardinäle gehen im Prunkornat vorbei. Botschafter haben die Schärpen angelegt, vornehme Damen den schwarzen Schleier. Und alle haben sie in der Hand ein kleines Heftchen, das in mehreren Sprachen die liturgischen Texte enthält, von der

Heiligenlitanei bis hin zu jenem langen Satz, mit dem der Papst einen »Diener Gottes« kanonisiert, seine Eintragung ins Verzeichnis der Heiligen verkündet und anordnet, daß er künftighin in der ganzen Kirche verehrt werde.

Die Masse auf dem weiten Platz ist bewegt, die Feier schreitet nach einer Pause fort, gemäß dem festgelegten Ritual. Im Meßgewand tritt der Kardinalspräfekt der vatikanischen Kongregation für die Heiligsprechungen vor die Stufen des Altars, begleitet von dem in eine schwarze Robe gehüllten Konsistorialadvokaten, der bei allen feierlichen Akten im Vatikan als Urkundsbeamter fungiert, sowie dem Postulator, der das betreffende Verfahren in Gang gebracht und verfolgt hat. »Heiliger Vater«, sagt der Kardinalspräfekt in Latein, aber man würde den Sinn seiner Worte auch in einer modernen Sprache nur schwer verstehen. »Im Namen der Heiligen Kirche danke ich Eurer Heiligkeit für die Verkündigung und ersuche Eure Heiligkeit demütig, zu beschließen, daß ein Apostolischer Brief über die erfolgte Heiligsprechung verfaßt werde.« Und der Papst, erhöht in seinem schweren Sessel sitzend, antwortet: »*Decernimus* – Wir beschließen es.« Worauf er das *Gloria in excelsis Deo* anstimmt und ein Hochamt feiert.

Ein einzigartiger sakraler Ritus ist vollzogen, und in der zweitausendjährigen Geschichte der katholischen Kirche hat dies kein Oberhaupt so oft getan wie Johannes Paul II. In den ersten zwanzig Jahren seines Pontifikats hat der polnische Papst nicht weniger als 280 Frauen und Männer zu Heiligen und 805 weitere zu Seligen erklärt. Dies entspricht ziemlich exakt der Zahl, die seine sämtlichen Vorgänger seit 1592 zusammen erreicht haben, rund zweitausend weitere Verfahren sind noch anhängig. Es hat darüber im Vatikan spöttische Bemerkungen gegeben, selbst aus dem Mund von Kardinälen, und es ist auch in der Kirche öffentlich von einer Inflation von Heiligen und einer »Heiligenfabrik« gesprochen worden. Erst recht fragen Andersgläubige, Protestanten etwa, die eine Heiligenverehrung nicht kennen, oder agnostische Freigeister, was mit der Mystifizierung so vieler Märtyrer und tugendhafter Katholiken wohl bezweckt werde.

Hört man dazu den Jesuitenpater und Theologieprofessor Peter Gumpel, so enthüllt sich im Klang seiner leisen Stimme eine Strategie katholischer Globalisierung und Mobilisierung, die auf einzigartige Weise den Wunderglauben frommer Überlieferung mit heutigem wissenschaftlichem Anspruch verquickt. Johannes Paul II. hält es für nötig, den über eine Milliarde Katholiken in der Welt neue konkrete Vorbilder einer christlichen Lebensweise vor Augen zu stellen. Mit Blick auf das große Jubiläum des Jahres 2000 hatte er schon vor Jahren angeordnet, das kirchenamtliche Verzeichnis der Heiligen zu überarbeiten und darin auch christliche Helden der Jetztzeit aufzunehmen, alte Bekannte hingegen könnten daraus verschwinden. Auch Heiligkeit ist nämlich eine Angelegenheit, die Erwägungen der Seriosität, der Zweckmäßigkeit und der Verfahrenstechnik zugänglich ist. Auch das Mysterium verlangt nach einem Management.

Pater Gumpel ist ein solcher Manager des Geheimnisvollen, ein Wissenschaftler, der mehr als ein halbes Dutzend Sprachen beherrscht; im Lateinischen fühlt er sich am wohlsten. Der Geistliche, geboren 1923 in Hannover, aufgewachsen und ausgebildet in verschiedenen Ländern, ist seit 1954 in Rom ansässig und hat lange an der päpstlichen

Universität Gregoriana die Theologie des Ordenslebens gelehrt. Er arbeitet jetzt in einem schlichten, ältlichen Büro im Generalat des Jesuitenordens. Drei Minuten läuft man von hier zum Vatikan, man erblickt die Peterskuppel vom Dach des Gebäudes, und man sieht sie auf dem Stichdruck, der hinter Pater Gumpels Bürosessel über Aktenschränken und Büchern die Wand bedeckt.

Der Vatikan ist sein Leben, sein Arbeitsleben. Pater Gumpel hat als Mann der Kirchenelite alle Päpste seit Pius XII. persönlich kennengelernt. Bei Johannes Paul II. war er zum Essen eingeladen, denn er behandelt wichtige Fragen. Elf Jahre lang war er Gutachter und Richter in der Heiligsprechungskongregation, seit 1983 übt er das Amt eines sogenannten *Relators* aus, ist also einer jener Männer, die im Auftrag der Kurie eine Selig- oder Heiligsprechungsprozedur nach Art eines Ermittlungsrichters steuern und betreuen. Acht solcher *Relatoren* gibt es. Pater Gumpel ist eigentlich seit 1993 pensioniert, doch führt er für die Kongregation noch eine Reihe langwieriger Verfahren weiter, darunter jenes für die Seligsprechung von Papst Pius XII., eine höchst umstrittene *causa.* Gleichzeitig ist er im Jesuitenorden tätig für die von dort angeregten Fälle.

Die einzelnen Schritte der Prozedur zu beschreiben, bedarf es ganzer Bücher. Der deutsche Theologieprofessor Winfried Schulz, inzwischen verstorben, hat ein solches verfaßt, ebenso der Kroate Fabijan Veraja, vormals Untersekretär der Heiligsprechungskongregation. Auch Pater Gumpel legt stundenlang Details dar, von den Voruntersuchungen des zuständigen Ortsbischofs, der Einsetzung der Verfahrensbeteiligten und den Prozeßstufen der Diözesanerhebungen bis hin zum Vorgehen der vatikanischen Kongregation – alles kirchenrechtlich geregelt. »Wir wollen die ganze Wahrheit wissen«, sagt Pater Gumpel, »wir wollen wirklich ein umfassendes Bild haben.«

Von außen besehen nimmt sich das Verfahren aus wie eine Mixtur aus einer staatsanwaltschaftlichen Ermittlung und einer diffizilen Forschungsarbeit. Da werden einerseits Professoren in Archive entsandt, historische Zusammenhänge ergründet und Biographien verfaßt. Und andererseits prüft man Dokumente und verhört Zeugen, durchschnittlich vierzig bis fünfzig, die allesamt zwei Mal, vor und nach der Aussage, vereidigt und zum Stillschweigen verpflichtet werden. Im ganzen kann dies, je nach Fall, auch einmal zehn oder zwanzig Jahre dauern; die Kosten liegen im Schnitt bei rund hunderttausend Euro und werden meist aus Spenden gedeckt. »Es ist eine hochinteressante Arbeit«, sagt Pater Gumpel, »ich finde es faszinierend, das Leben von Menschen so eingehend zu studieren.«

Am Ende sind es regelrechte Bücher, manchmal mehrere dicke Folianten, in denen die Recherchen und Analysen nebst Quellenmaterial und Formschreiben in Rom vom *Relator* zusammengefaßt werden. Danach haben die Gutachter das Wort: eine Kommission von Historikern und ein Gremium von Theologen. Nur wenn sie jeweils mit Zweidrittelmehrheit zustimmen, geht eine Seligsprechung voran bis zum Kardinals- und Bischofskollegium der Kongregation und am Ende – wie alles im Vatikan – hinauf zum Papst.

Damit ein Verfahren überhaupt in Gang kommt, bedarf es gewisser Voraussetzungen. In jedem Fall muß der Kandidat von zahlreichen Gläubigen verehrt werden und »im Rufe der Heiligkeit« stehen, also in Gebeten angefleht werden um Fürsprache bei Gott. Sodann kommt eine Seligsprechung in Frage, wenn der oder die Betreffende ein Märtyrer ist, also wegen Festhaltens an religiösen Überzeugungen umgebracht wurde. So war es etwa bei Opfern des deutschen Naziregimes oder des spanischen Bürgerkriegs, und so war es bei der Italienerin Maria Goretti und anderen jungen Frauen, die sich einer Vergewaltigung widersetzt hatten.

In anderen Fällen gilt das Kriterium der »heroischen Tugenden«, wie es von altersher heißt, also eines vorbildlichen christlichen Lebenswandels. Dann freilich braucht es auch ein Wunder, das durch Anflehung des Kandidaten erwirkt wurde, ein Zeichen von Gottes Hand gewissermaßen als Bestätigung. Auch eine Heiligsprechung ist generell nur möglich, wenn wissenschaftlich nachgewiesen wird, daß nach der Seligsprechung durch Fürsprache der betreffenden Person ein Wunder geschehen ist. Da es sich dabei fast immer um eine Heilung eines Menschen von schwerer Krankheit handelt, werden auf mehreren Stufen ärztliche Gutachter und Kommissionen eingeschaltet, die für die vorgefundenen Phänomene zunächst natürliche Erklärungen zu suchen angehalten sind.

Dies ist der Grund, warum Pater Gumpel unter all den Dokumenten, die er in seinen grauen Aktenschränken aufbewahrt, auch klinische Berichte hat. »Schauen Sie«, sagt er und schiebt eine Schranktür beiseite. Neuere und uralte Bände kommen zum Vorschein, mal geht es um eine englische Ordensgründerin, mal um einen japanischen Samurai, mal um einen Schweizer Bauern, der 1832 starb, und mal um irische Märtyrer aus dem 16. Jahrhundert. Einem Werk über einen 1644 ermordeten Vietnamesen ist zu entnehmen, daß in 37 Archiven und Bibliotheken in acht Ländern recherchiert wurde.

Auch eine Krankenakte auf spanisch und eine Mappe mit Röntgenbildern sind zu sehen.

Nun wird jemand, der nicht an Wunder glaubt, mit noch so vielen Expertisen nicht zu überzeugen sein, daß es sie gibt. Hat man nicht schon Erstaunliches gehört über die Kraft der Psyche und der Autosuggestion? Und ist es nicht normal, daß Menschen sich zusammenreißen, wenn sie nur von etwas wirklich überzeugt sind? Solche Einwände werden im Vatikan keineswegs abgewiesen, vielmehr ist dort ebenfalls reichlich Skepsis anzutreffen, vor allem, wenn es »um diese legendarischen Sachen« geht, wie Pater Gumpel sagt. Extasen und Stigmatisierungen etwa, »die klammern wir ganz aus«. Er hat auch schon Verfahren, in denen es allzu wolkig wurde, eingestellt, und gesteht sogar grundsätzliche Zweifel ein, etwa die Bemerkung, daß ja in der Geschichte der Menschen immer gewisse Dinge zunächst als wundersam erschienen, für die man dank späterer Entdeckungen und Erkenntnisse eine ganz natürliche Erklärung fand. »Wissenschaftlich gesehen, habe ich Verständnis dafür«, sagt der Jesuit.

Ihn bedrückt auch der Umstand, daß oft gerade katholische Mediziner aus Sorge um ihr Ansehen vor einer Mitarbeit an einer Wunder-Untersuchung zurückschrecken. Zum anderen besteht die fünfköpfige Oberste Ärztekommission auf dem Einsatz neuester technischer Geräte, die aber in armen Ländern oft nicht verfügbar sind, so daß eine diskriminierende Schieflage einzutreten droht. Für Pater Gumpel ist das »ein Grund zu sagen: Sollen wir nicht von dieser Frage der Wunder abkommen?« Und sollte es nicht genügen, wenn dreißigtausend schriftliche Zeugnisse für sogenannte Gebetserhörungen vorliegen, um einen Mann wie den Münchner Jesuitenpater und Nazigegner Rupert Mayer heiligzusprechen? Denn daß Wunder vorliegen müssen, »das ist natürlich kein göttliches Gesetz«, sagt Pater Gumpel, »sondern ein kirchliches Gesetz.«

Also ist es änderbar, und es ist in der Geschichte auch oft geändert worden. Im ersten christlichen Jahrtausend entwickelte sich aus der Verehrung für die frühen Märtyrer ein weitverbreiteter Heiligenkult, den die Bischöfe in ihren Sprengeln autorisierten. Erst im Jahr 993 wurde bei der Kanonisation des heiligen Ulrich von Augsburg zum ersten Mal förmlich der Papst befaßt, der sich die Heiligsprechungen später vorbehielt. Das Verfahren und die Anforderungen an die Kandidaten wurden im Laufe der Jahrhunderte mehrfach geändert, noch bis 1983 waren in bestimmten Fällen für eine Seligsprechung bis zu vier, für eine Heiligsprechung weitere drei Wunder vonnöten. Dies wurde erst damals bei einer großen Reform durch Johannes Paul II. reduziert.

Weitere Neuerungen ergaben sich aus dem Lauf der Geschichte, dem natürlich auch die Heiligenverehrung unterliegt. Im Mittelalter gehörte sie zum alltäglichen Leben. Katharina mit dem Rad, Hubertus mit dem Hirsch, St. Markus mit dem Löwen – wer sie nicht kennt, versteht noch heute manches Gemälde und manches literarische Produkt vergangener Jahrhunderte nicht. Jeder Stand und jede Stadt hatten ihre Patrone, deren Wallfahrten ganze Regionen in Konjunktur versetzten. Kein Dom ist denkbar ohne seine Säulenheiligen, kein Dorf ohne die Kirmes, die man am Tag des Patronatsheiligen feierte. Ein Buch mit Heiligenlegenden fehlte bis vor kurzer Zeit in Deutschlands katholischen Regionen in keinem Haushalt, der Heiligenkalender war der Begleiter durchs ganze Jahr, und den Kindern gab man die Vornamen von Heiligen.

Heute freilich rümpft die Pop-Jugend die Nase, wenn vom Leonardi-Ritt die Rede ist oder bei Halsweh ein Stoßgebet zum heiligen Blasius anempfohlen wird.

Drum möchte die katholische Kirche unter ihren Heiligen und Seligen auch Menschen der heutigen Zeit haben, solche »die die Schönheit und das Edle eines gut gelebten christlichen Lebens zeigen«, wie Pater Gumpel sagt. Nicht weniger als 286 Märtyrer des 20. Jahrhunderts hat Johannes Paul II. bis Ende 1998 seliggesprochen, unter ihnen elf Opfer des deutschen Nationalsozialismus und 231 Menschen, die im spanischen Bürgerkrieg von 1934 bis 1939 durch Kommunisten, Sozialisten und Anarchisten zu Tode kamen.

Darüberhinaus sollen unter den Heiligen und Seligen Personen jeden Alters, vieler verschiedener Berufe und vieler Nationalitäten sein, die nicht aus verschwommener Ferne grüßen, sondern bestimmten Gruppen oder Völkern nahe sind. Die Seelsorge hat ihre Erfordernisse, drum hat Nigeria 1998 seinen ersten Seligen bekommen, 1999 wurde eine frühere sudanesische Sklavin zur Ehre der Altäre erhoben, auch Madagaskar und Vietnam stehen auf der Warteliste, und Deutschland hat nach Meinung von Pater Gumpel ebenfalls Nachholbedarf. Vor allem Laien haben Vorrang, ganz gewöhnliche Menschen, ein spanischer Pförtner beispielsweise und ein italienischer Arzt. Auch Politiker wären hochwillkommen, für den früheren französischen Außenminister Robert Schuman sind bereits verschiedene Gruppen aktiv. Im Fall des weltbekannten katalanischen Architekten Antoni Gaudì (1852–1926) hat die Erzdiözese Barcelona ein Seligsprechungsverfahren eingeleitet, und erste Schritte wurden auch für eine Beatifikation des Pfarrers Pino Puglisi unternommen, der 1993 in Palermo von der Mafia erschossen worden war.

Andererseits sind im Lichte heutiger Wissenschaftlichkeit ernste Zweifel aufgetaucht, ob Traditionsheilige der Frühzeit wie etwa St. Philomena, St. Georg mit dem Drachen oder St. Christopherus überhaupt und wenn, dann so gelebt haben, wie es die frommen Hagiographien besagen. Es ist gut möglich, daß die laufende Revision des Heiligenverzeichnisses mit ihrem Ausschluß endet und daß zahllose andere Ortsheilige ebenfalls verabschiedet werden. »Da muß man eher zu streng sein als zu lax«, sagt Pater Gumpel.

Große Traditionen geraten in Zweifel, drum wird es über diese Fragen sicher heftige Diskussionen geben. Dies war auch bei mancher Heiligsprechung der jüngeren Zeit so, 1998 etwa im Fall der deutschen Jüdin Edith Stein, die als katholische Nonne von den Nazis in Auschwitz vergast wurde. Sogar im Vatikan kam es zu Differenzen, 1992, als der Papst den Gründer des umstrittenen spanischen Laienordens Opus Dei, José Maria Escrivà, seligsprach, obwohl dieser damals erst 17 Jahre tot war.

Manchmal geht es manchen Leuten auch zu langsam, so im Fall des Kapuzinermönches Pater Pio aus San Giovanni Rotondo in Süditalien, der schon 1918 durch blutende Wundmale an Händen, Füßen und der Seite bekannt wurde und 1968 starb. Zahlreiche Gebetsgruppen drängten seit Jahren, und sie fanden Verständnis bei Johannes Paul II., der Pater Pio als Student einst selbst getroffen hatte und dabei angeblich von diesem prophezeit bekam, er werde Papst werden und danach ein Attentat überleben.

Zwei Tage vor dem Weihnachstag des Jahres 1998 hielt der Papst eine Sitzung ab, bei der eine

Reihe von Dekreten verkündet wurden. In einem großen Saal im Vatikan saßen ringsum an der Wand vor glänzendem Marmorboden zahlreiche Prälaten, Mönche, Nonnen, Bischöfe und Kardinäle und hörten, was drei Monsignori aus der Heiligsprechungskongregation verlasen: In insgesamt 16 Verfahren wurden heroische Tugenden, Martyrien und Wunder kirchenamtlich anerkannt, auch die Heilung einer krebskranken Frau aus Salerno durch Fürbitten des Pater Pio war darunter.

Seine Seligsprechung – Pater Gumpel war nicht damit befaßt – fand am 2. Mai 1999 statt, und es war dabei vermutlich die größte Menschenmenge versammelt, die je einer solchen Feier beigewohnt hat. Auf dem Petersplatz in Rom und in den anliegenden Straßen drängten sich mehr als 150.000 Menschen, weitere Zehntausende verfolgten das Geschehen vor der Lateranbasilika über große Bildschirme. Zehntausende waren auch an Pater Pios Wirkungsstätte in San Giovanni Rotondo zusammengekommen, die inzwischen nach einer Statistik des Päpstlichen Rates für die Seelsorge der Migranten und der Menschen unterwegs mehr Pilger anzieht als die traditionellen Wallfahrtsstätten Lourdes, Fatima oder Tschenstochau.

Auf dem Petersplatz sangen Chorknaben, Nonnen beteten, man sah Kardinäle im Prunkornat, Botschafter mit Schärpen und Damen mit schwarzem Schleier, und alle hielten sie ein kleines Heftchen in der Hand. Auch der italienische Staatspräsident und der Ministerpräsident waren da. Der Papst nannte Pater Pio einen »bescheidenen Kapuziner, der die Welt mit seinem Leben verblüfft hat.« Es war für ihn die Seligsprechung Nr. 820.

Nasus destillat – die Nase trieft

Sieben Priester übersetzen für den Papst Dokumente in Latein und sprechen es jeden Tag

Sie reden Latein. »*Quomodo te habes?*« fragt Pater Antonio Salvi freundlich und reicht zum Gruß die Hand. »Danke, es geht gut«, könnte der Besucher antworten, aber er ist nur verblüfft. Munter fährt der italienische Kapuzinermönch fort in seiner Konversation, und seine beiden polnischen Kollegen, die mit ihm im Büro beisammenstehen, folgen ihm natürlich mühelos. Nur der Gast reißt die Augen auf, erst recht, als später draußen auf dem Gang noch Father Reginald Foster, der Amerikaner, auftaucht und klagt: »*Nasus destillat.*« Seine Nase trieft, doch hält ihn dies keineswegs ab von ein paar polternden Scherzen. »Unsere Arbeit ist völlig unnütz«, sagt er lachend, »was wir produzieren, liest keiner, das ist nur ein Monument.«

Wer dem Manne folgen will, muß mehr auf der Pfanne haben als nur ein kleines Latinum. Wir sind hier nämlich nicht im Pausenhof eines humanistischen Gymnasiums, sondern in einer nüchternen Büroflucht in der dritten Loggia des Staatssekretariats im Vatikan. Und das ist einer der letzten Orte des Erdballs, an dem die lateinische Sprache noch im täglichen Umgang aktiv gebraucht wird.

Sieben Priester sind hier als Übersetzer des Papstes tätig, fünf von ihnen Ordensmänner. Drei sind Italiener, zwei kommen aus Polen, die beiden anderen aus Chile und den USA. Tagein tagaus bringen sie Texte, die Johannes Paul II. und sein Staatssekretariat produzieren, aus dem Italienischen, seltener aus anderen Sprachen, ins Lateinische: Enzykliken, Briefe, Predigten, Ansprachen, Erlasse und sonstige Dokumente aller Art.

Latein ist bis heute die Amtssprache der katholischen Kirche, die damit sinnenfällig die direkte Verbindung zur Antike, der Zeit ihres Ursprungs, demonstriert. Ein lebendes Fossil ist erhalten, das zum Leidwesen der Enthusiasten so arg lebendig aber nicht mehr ist. Seit das Zweite Vatikanische Konzil (1962–1965) für Gottesdienste in aller Welt die Verwendung der Landessprachen gestattete, ist Latein in der Liturgie zur Seltenheit geworden. Beharrlich gepflegt wird es nur noch von Traditionalisten, gelegentlich ist auch aus dem Mund von Kurienkardinälen ein Plädoyer für eine Renaissance des Lateinischen zu hören. Die Mehrheit der Katholiken hingegen begrüßte es als ein Zeichen der Modernität und Öffnung, daß das elitäre Idiom der Geistlichen und Gelehrten gewichen ist zugunsten der heutigen Sprachen, die die Massen verstehen.

Universeller Umgang wird in der Kirche mittlerweile auf italienisch gepflegt, je nach Weltgegend auch auf englisch, spanisch, französisch oder deutsch. Die römische Zentrale ist polyglott wie wenige andere Institutionen auf der Welt, kirchliche Akten aber werden heute meist in italienisch geführt. Auch an den päpstlichen Universitäten Roms wird längst nicht mehr in der Sprache Ciceros und Caesars gelehrt und geprüft, wie es früher der Fall war.

Doch gibt es Reservate. Lateinspezialisten sitzen nicht nur im Staatssekretariat, sondern auch in den anderen Behörden der Kurie. Was offiziell im Bulletin des Heiligen Stuhls, den *Acta Apostolicae Sedis*, veröffentlicht und so in Kraft gesetzt wird, hat in Latein zu erscheinen. Auch der neue Katechismus etwa, der 1993 herauskam, wurde zwar auf französisch erarbeitet und vielfach übersetzt, verbindlich aber ist die lateinische Ausgabe, die *editio typica*. Und die Urteile der *Rota Romana*, des päpstlichen Berufungsgerichts, ergehen bis heute sämtlich in Latein; *alcoholismus chronicus* oder *promiscuitas in re sexuali* etwa gehören zu den Umständen, die die Nichtigkeit einer Ehe begründen können.

Soweit in solchen Texten heutiges Vokabular vonnöten ist, wird es geschöpft aus einem zeitgenössischen Lateinlexikon, das 1997 der Südtiroler Abt Carlo Egger herausgegeben hat, vormals Chef der päpstlichen Latinisten und Leiter der vatikanischen Stiftung *Latinitas*. Sein Nachfolger in beiden Ämtern ist Don Cleto Pavanetto, ein Salesianer, der stolz die deutsche Version des Lexikons hervorholt, die 1998 bei der katholischen Buchhandlung Lempertz in Bonn erschienen ist.

Don Cleto, der auch die Vierteljahresschrift *Latinitas* herausgibt und Autor einer in Latein verfaßten Lateingrammatik ist, sitzt wie seine Kollegen in einem schmucklosen Raum, in dem neben Schreibtisch und Bücherregalen das Foto des Papstes an der Wand und der weißgraue Schreibcomputer ins Auge fallen. Der Pater hat soeben ein lateinisches Telegramm erhalten, wie Bischöfe aus Osteuropa oder China und Japan, aber auch Kurienkardinäle sie manchmal schicken. Immer wieder ist auch lateinische Post zu beantworten, zum Beispiel hat Erzbischof Giovanni Battista Re, der Stellvertreter des Kardinalstaatssekretärs, nach Brandenburg an ein *gymnasium kyritziensis* geschrieben. Er hat vatikanische Dokumente übersandt und die *alacritas* (Eifer) der Absender gelobt, weil diese sich einer Sprache befleißigten, die heute noch »eine Schule des Geistes und eine Meisterin der Humanität und

Tugend« sei. Adressat des Briefes war die Klasse 10d des Friedrich-Ludwig-Jahn-Gymnasiums in Kyritz an der Knatter.

Jahr für Jahr tritt in Rom auch ein schwedischer Lateinlehrer mit einer Schulklasse an, jedesmal wird die Gruppe vom Papst in der Generalaudienz auf latein gegrüßt, den Text verfassen die Latinisten im dritten Stock. Sie pflegen auch Kontakt mit Professor Tuomo Pekkanen & Consortes, einer Gruppe finnischer Latin Lovers, die eine lateinische Radiosendung betreiben. Nicht zu vergessen den Benediktiner Caelestis Eichenseer aus *Saraviponti,* einer Stadt, die man auch unter dem Namen Saarbrücken kennt. Latino-Freaks sitzen überall, auch im Saarland.

In ihrer ideellen Hauptstadt Rom findet jedes Jahr vor Weihnachten ein Latein-Wettbewerb der Stiftung *Latinitas* statt. Bei der feierlichen Preisvergabe sind Eminenzen und Exzellenzen zugegen, es werden lateinische Reden gehalten und lateinische Bühnenstücke aufgeführt. Die Übersetzer des Papstes sind selbstverständlich auch dabei.

Latein ist Alltag für sie. Jan Polykarp Nowak und Waldemar Turek, die beiden Polen, sprechen im gemeinsamen Büro zwar polnisch miteinander, aber oft auch Latein – zum Üben. Father Reginald, der Amerikaner, der vor Jahren zum Spaß in Latein einen fetzigen Bericht über den legendären Boxkampf zwischen Muhammad Ali und Joe Frazier verfaßte, spricht mit dem Kollegen Pater Antonio in Latein auch über Politik, zum Beispiel über die Affären amerikanischer Präsidenten. Impeachment heißt *accusatio,* und würde je eine Anklage zum Sturz eines US-Präsidenten führen, spräche man im Vatikan von *depositio.*

Auch Schlagzeilen kann man in Latein verfassen. Als im August 1978 im Konklave ein neuer

Papst gewählt wurde, nämlich Johannes Paul I., kam der *Osservatore Romano* mit einer Sonderausgabe heraus, deren Aufmacher nichts anderes als die klassische Sentenz »*Habemus Papam*« sein konnte. Der Text ging weiter: »*Qui sibi nominem imposuit ...*« Gewiß, er gab sich einen Namen, nur heißt das im Lateinischen an dieser Stelle nicht *nominem*, sondern *nomen*. Der junge Sohn des Chefredakteurs bemerkte den Fehler, die Rotationsmaschine wurde angehalten, einige Exemplare der Zeitung aber waren schon unters Volk gebracht – Belege eines journalistischen Mißgriffs, der nur im Vatikan vorkommen kann.

Wer sagt da, daß Latein nicht tauge zum Ausdruck des Allerneuesten? Es gibt im Vatikan Geldautomaten der Vatikanbank IOR (Istituto per le Opere di Religione) mit lateinischer Bedienungsanleitung. Auch im Internet offeriert der Heilige Stuhl Latein als eine von acht Sprachen, in denen er seine Texte darbietet, und wenn das Fernsehzentrum des Papstes dort seinen Faxanschluß mitteilen will, dann heißt das: *numerus machinae nuntium scriptum per telephonium mittentis*. Wer Sinn für Sprache und Geschichte hat, weiß sowieso, wie Pater Polykarp sagt, daß das supermoderne Wort Computer letztlich abzuleiten ist von *computare*. Das heißt berechnen und ist natürlich – (ebenso wie *super* und *modern*) – Latein.

Mit Hellebarde und Karategriff

Die Soldaten der Schweizergarde zwischen Mittelalter und Moderne

Die Garde steht und salutiert. Wachtmeister Stefan Meier wendet sich von seinem kleinen Schreibtisch ab, läßt für kurze Zeit die drei Telefone, das Funksprechgerät und die Papiere hinter sich und schaut hinaus durch das hohe Fenster auf den Petersplatz. Seit mehr als einer Stunde ist dort die wöchentliche Generalaudienz im Gange. Der Wachtmeister hat an diesem Morgen unentwegt Kuverts mit vorbestellten Karten für Pilgergruppen herausgesucht und ausgehändigt, hat Auskünfte gegeben und Meldungen entgegengenommen von auf- oder abziehenden Gardisten, die vor ihm grüßten und die Hacken zusammenschlugen. Jetzt aber ist der Augenblick gekommen, da der 38jährige selbst den Körper reckt, die Füße in den schwarzen Schnallenschuhen zackig zueinanderstellt und die rechte Hand gestreckt zum Barett führt. Draußen spendet der Papst gerade der Menge seinen Segen, da nehmen die Soldaten seiner Heiligkeit Haltung an.

Die Päpstliche Schweizergarde tut ihren Dienst. Audienzen, Messen, Heiligsprechungsfeiern oder Staatsbesuche – das sind Ereignisse, bei denen die vielstimmige Welt des Vatikans besonders oft mit schweizerdeutschen Militärkommandos durchsetzt wird und Wachtmeister Meier besonders oft zum Telefon greift. Stehend steuert er von seinem Posten hinter dem großen Bronzetor im Aufgang zur Königstreppe den Wachdienst an den vier Eingängen zum Vatikan und das Geschehen auf dem Platz.

In steifem Gleichschritt ziehen drei Hellebardiere und ein Korporal vorbei; es ist die Thronwache, die sich hinter dem Sitz des Papstes aufpflanzt. Zwei andere Gardisten sichern das Bronzetor, das zum Petersplatz führt. Einer fragt die Ankommenden nach ihrem Begehr, der zweite steht Schildwache auf einem dicken Brett, das ihn vor der Kälte des Marmorbodens schützt. Kommt ein Priester, zieht er die Hellebarde zu sich heran und stampft mit dem Fuß auf; für Bischöfe, Generäle und Botschafter wird die mittelalterliche Waffe hochgehoben und geschultert. Manchmal salutieren die Wachsoldaten auch vor mehreren unauffälligen Herren im dunklen Anzug, die einen Hörknopf im Ohr tragen und mit dem Wachtmeister Meier schweizerdeutsch reden. Es sind Offiziere und Unteroffiziere der Garde in Zivil, die während der Audienz beim Thronsessel stehen und die Umgebung beobachten. Auch Pius Segmüller, der Komandant, ist unter ihnen.

Ob mit Schlips und Kragen oder in der blau-gelb-roten Galauniform, die um 1920 nach historischen Vorlagen entworfen wurde – der Auftrag ist seit fast fünfhundert Jahren derselbe: der Schutz des Papstes und seines Palastes. Zudem bewachen die *Svizzeri* die Eingänge und damit die Grenzen des Vatikanstaates, versehen Ordnungsdienst und geben hin und wieder einem hohen Gast mit einem malerischen Aufzug die Ehre. Und regelmäßig, wenn der Papst auf Reisen geht, begleiten ihn erfahrene Gardisten in Zivil. Sie sind also Bodygards, Ordnungshüter und Repräsentationstruppe in einem, wobei sie auch im Vatikan von Polizeieinheiten flankiert werden. Es gibt wohl kein anderes Militärkorps auf der Welt, das so klein ist, so alt und so berühmt.

Wenig ist indes bekannt über das Innenleben dieser Einheit, die sich vor der Jahrtausendwende einer behutsamen, aber spürbaren Erneuerung unterzogen hat. Seit August 1998 ist ein neuer Kommandant im Amt, der 1952 geborene Pius Segmüller. Er war erst Lehrer, dann 13 Jahre Schweizer Berufsoffizier, Instruktor an Rekruten- und Offiziersschulen. Bei UNO-Friedensmissionen in Namibia und in der Westsahara leitete er den Aufbau von Feldkrankenhäusern, beim Pharmakonzern Sandoz betätigte er sich als Kongreßmanager, zudem war er drei Jahre lang Chef der Verkehrs- und Sicherheitspolizei von St. Gallen, später Kommandant eines Walliser Spitalregiments.

Der Mann hat also seine Erfahrungen, und er legte sie bei seiner ersten Bestandsaufnahme zugrunde. In seinem Dienstzimmer, das mit den Porträts der früheren Gardekommandanten und mit der großen Fahne der Garde ausstaffiert ist, notierte Segmüller auf einer Stelltafel eine Reihe von Punkten, die ihm in vielen Gesprächen mit seinen Gardisten aufgefallen waren.

Natürlich ist von all dem nicht zu reden ohne Bezug zu dem, was im Jargon der Garde »das tragische Ereignis vom 4. Mai« genannt wird. Am 4. Mai 1998 hat der Vizekorporal Cédric Tornay den am selben Tag zum neuen Kommandanten berufenen Alois Estermann und seine Frau Gladys Meza Romero in deren Wohnung im Quartier der Garde mit seiner Dienstpistole erschossen und anschließend Selbstmord begangen; so besagte es jedenfalls der amtliche Untersuchungsbericht des Vatikan. Seine Richtigkeit wurde von Tornays Mutter bezweifelt, es gab in der Presse auch unbelegte Spekulationen über eine homosexuelle Beziehung zwischen Tornay und Estermann oder gar ein Dreiecksverhältnis. »Solche Dinge tun einfach weh«, sagt Monsignore Alois Jehle, der Kaplan der Garde, »weil wir alle wissen, daß das Humbug ist.«

Der Hintergrund, vor dem die Katastrophe sich ereignete, erhellt sich aus Angaben von Insidern, wonach die Gardisten in den vorangegangenen Jahren physisch und psychisch großem Druck ausgesetzt waren, und zwar durch eine »enorme dienstliche Belastung« ebenso wie durch »Kommunikationsschwierigkeiten«. Salopp gesagt: Es herrschte Streß und altmodischer Kommißgeist, die Stimmung war nicht gut.

Zudem leben ja die 106 Gardisten in ihrer Kaserne im Vatikan auf engem Raum zusammen, die Hellebardiere in Zweibettzimmern oder kleinen Sälen, die Offiziere und etliche Unteroffiziere mit ihren Familien in Wohnungen. Sie exerzieren nicht nur gemeinsam in den vatikanischen Gärten, sondern verbringen auch viel Freizeit miteinander. Da sind Einschränkungen und Reibungen unumgänglich, auch wenn sich beim Fußballspiel im FC Guardia oder bei Billard- und Tischtennismeisterschaften durchaus Spannungen abbauen. Der Kaplan hat einen Pastoralrat gegründet, der kulturelle Aktivitäten entwickelt, und auch einmal einen Psychologen zum Vortrag geladen.

Pius Segmüller, der Kommandant, der ebenso wie sein Stellvertreter Elmar Mäder, ein Jurist und Schweizer Oberleutnant, einen Monat nach dem Mord an Estermann ernannt wurde, äußert sich grundsätzlich nicht zu dem Vorfall, doch hat er, wie seine ersten Maßnahmen zeigten, die vorgefundenen Probleme wohl studiert. »Viele Gardisten erwarten schnelle Veränderungen«, sagte er Anfang 1999, und nicht zufällig schienen ihm Transparenz und Vertrauensbildung die dringlichsten Anliegen.

Rasch konnte er auch eine Erhöhung der Planstellen von 100 auf 110 erwirken und damit den Arbeitsdruck verringern. Erstmals seit Jahrzehnten ist zudem im vierköpfigen Offizierskorps wieder ein *Romand* aus der französischsprachigen Schweiz vertreten; dies könnte Mentalitätsunterschiede gegenüber der deutschschweizerischen Mehrheit, wie sie im Fall des Welschschweizers Cédric Tornay unterschwellig mitspielten, frühzeitig beherrschen helfen.

Überhaupt werden die Offiziere jetzt von Schweizer Militär- und Polizeiinstruktoren und weiteren Spezialisten einheitlich in Menschenführung und Führungstechnik ausgebildet, was früher nicht geschah. Und die Rekruten müssen zwar nach wie vor Schweizer Bürger unter dreißig Jahren, ledig, mindestens 1,74 m groß und katholisch sein, doch genügt es nicht mehr, ein Leumundszeugnis des zuständigen Pfarrers und andere Papiere beizubringen. Zwecks Feststellung ihrer Eignung werden sie jetzt auch zur persönlichen Vorstellung geladen, und zwar vom früheren Personalchef eines Industriebetriebs, der in Neuhausen am Rheinfall wohnt und eine psychologische Abklärung veranlaßt.

Man meint in solchen Neuerungen einen Nachhall der Kontroversen zwischen Tornay und Estermann, die so blutig endeten, zu verspüren, ebenso in der Regelung, daß ausscheidenden Gardisten künftig bei der Arbeitsplatzsuche in der Schweiz geholfen werden soll. Überdies hat die neue Führung eine Dienstordnung, eine Disziplinarordnung sowie eine Qualifikations- und Beförderungsregelung ausgearbeitet, die 1999 in Kraft traten. Die abendlichen Ausgangszeiten wurden gelockert.

Kurzum: Die Garde hat sich reformiert, wiewohl

der Kommandant Segmüller von sich sagt: »Ich sehe mich nicht als Reformator wie Luther oder Zwingli, sondern ich will das evolutionär weiterführen.« Für ihn ist die Päpstliche Schweizergarde einer alten Dame vergleichbar, der man mit Geduld, Rücksichtnahme und Feingefühl zu begegnen hat. Es gilt, Traditionen zu achten, die in der Tat diese Militäreinheit auszeichnen wie kaum eine andere. Schließlich sind es im Jahr 2006 runde fünfhundert Jahre, daß sie von Papst Julius II. gegründet wurde aus sogenannten Reisläufern, eidgenössischen Infanteristen, die damals in ganz Europa als Söldner gefragt waren. Mögen ihre Nachfahren heute auch Karate trainieren, Schießübungen halten und beim zwanglosen Plausch in der Kantine mit T-Shirt, Jeans und Bürstenhaarschnitt wirken wie junge Männer in der ganzen Welt – wenn sie als Rekruten für zwei Jahre und rund tausend Euro im Monat in die Garde eintreten, schwören sie noch immer, dem Papst treu zu dienen und für ihn auch ihr Leben zu geben, »wenn es erheischt sein sollte«, wie es in der überkommenen Eidesformel heißt.

Sie leben in einer Gemeinschaft, die auch in spezifisch schweizerische Überlieferungen eingebettet ist. Jedes Jahr am 1. August wird im Ehrenhof der Kaserne festlich der Schweizer Nationalfeiertag begangen, mit Festansprachen, heimatlichen Liedern und einem guten Essen, das wie immer die Ehrwürdigen Baldegger Schwestern kochen. Jedes Jahr zum Muttertag spielt die Gardemusik den Ehefrauen der Offiziere, die wie auch die Kinder im Quartier leben, ein Ständchen. Und jedes Jahr zu Weihnachten erklingt im Theatersaal das Lied von der stillen, heiligen Nacht, wenn die Gardisten und ihre Angehörigen vom Kommandanten und vom Papst beschert werden.

Über allem aber steht der Ehrentag der Garde, der 6. Mai. Am 6. Mai 1527 ließen 147 von insgesamt 189 Gardisten ihr Leben, als Landsknechte des Kaisers Karl V. sich an die Plünderung Roms machten; die übrigen 42 retteten Papst Clemens VII. in die Engelsburg. Und jedes Jahr am 6. Mai findet in Anwesenheit von an die viertausend Gästen auf dem Sankt-Damasus-Hof im Vatikan die Vereidigung der neuen Gardisten statt. Gottesdienst, Kranzniederlegung, Audienz beim Papst, dann die Schwur-Zeremonie mit Ansprachen, Hymnen und Zapfenstreich, zum Schluß der Aperitif – so soll es bleiben. Den Tagesablauf zum 6. Mai hat der neue Kommandant nur geringfügig geändert.

Streit um die Kanalgebühr

Der Staat der Vatikanstadt und seine auswärtigen Liegenschaften

Sie leben längst in Eintracht, der Vatikan und die Stadt Rom, nur manchmal zanken sie um Kleinigkeiten. Dann weist zum Beispiel der Chef der römischen Stadtwerke naserümpfend darauf hin, die Herren von der Kurie hätten in vielen Jahren eine Rechnung von 19 Millionen Euro zusammenkommen lassen – für die Entsorgung von Abwässern durch die Stadt Rom. Und der Heilige Stuhl erwidert gelassen, die Stadtwerke irrten, wenn sie ein italienisches Gesetz auf den Vatikan anwenden wollten. Der ist nämlich ein eigener Staat, weshalb ihn römische Kanalgebühren nicht betreffen. Man führt dann Gespräche darüber, und jedenfalls ist ein solcher Vorgang kein Anlaß, am Sinn und Nutzen der sogenannten Lateranverträge zu zweifeln, die in solchen Fällen heranzuziehen sind.

Sie sind von fundamentaler Bedeutung, denn sie geben dem Papst und der katholischen Kirche als einziger Religionsgemeinschaft der Welt den Status eines Völkerrechtssubjekts mit eigener Souveränität. Den Ursprung dieser Besonderheit hat man im ersten Jahrtausend zu suchen, in den Ländereien des sogenannten *Patrimonium Petri* und der *Pippinschen Schenkung* aus dem Jahr 754, die den Grundstock des Kirchenstaats bildeten. Dieses Territorium verteidigten die Päpste des Mittelalters gegen deutsche Kaiser mit der Behauptung, beides sei ihnen vom römischen Kaiser Konstantin übertragen worden. Ebenso beharrten sie darauf, im christlichen Abendland Vorrang vor allen anderen Herrschern zu haben. Die vorgelegte Urkunde über die Konstantinsche Schenkung wurde indes später als Fälschung entlarvt, sie erfüllte aber ihren Zweck. Noch um 1850 umfaßte der Kirchenstaat große Teile Mittelitaliens, nämlich Latium, Umbrien, die Marken und die Romagna, er reichte von Bologna und Ferrara bis südlich Roms und war einer der rückständigsten Staaten Europas (was seinen Nachhall darin fand, daß später gerade dort die Kommunistische Partei Italiens besonders stark wurde).

Sein Ende kam am 20. September 1870, als die Truppen der italienischen Einigungsbewegung (Risorgimento) die Porta Pia in Rom durchbrachen und die Stadt eroberten. Der damalige Papst Pius IX., bekannt geworden durch das Dogma von der päpstlichen Unfehlbarkeit in Glaubens- und Moralfragen und durch das Dogma der »unbefleckten Empfängnis« Mariens, erklärte sich zum »Gefangenen im Vatikan«. Er schloß alle Eroberer aus der Kirche aus und verbot den italienischen Katholiken, in ihrem neuen Einheitsstaat mitzuwirken, etwa durch Teilnahme an Wahlen. Zwar garantierte Italien dem Pontifex sogleich Souveränität und Unverletzlichkeit, aber es dauerte mehr als ein halbes Jahrhundert, bis eine Einigung zustandekam – unter dem faschistischen Diktator Benito Mussolini, der mit Pietro Gasparri, dem Kardinalstaatssekretär von Papst Pius XI., am 11. Februar 1929 im Lateranpalast in Rom die Versöhnung besiegelte.

Mussolini gewann mit dem Abschluß dieser Lateranverträge viel Sympathie bei italienischen Katholiken und garantierte dafür die Souveränität des neu begründeten Staates der Vatikanstadt. Der Katholizismus wurde in Italien Staatsreligion, Religionsunterricht zur Pflicht, zudem erhielt die Kirche Steuerprivilegien. Der Vatikan erkannte seinerseits zum ersten Mal den italienischen Staat an. 1984 wurden die Verträge revidiert, man schaffte den Passus über die Staatsreligion ebenso ab wie die automatische Anerkennung kirchlicher Eheschließungen, und vom Religionsunterricht kann man sich seither in Italien auch befreien lassen.

Der Vatikan aber, auf 44 Hektar Land mitten in Rom gelegen, ist seit 1929 der kleinste Staat der Welt, sein Gebiet erstreckt sich über eine Länge von 1045 Metern und eine Breite von 850 Metern. Zu ihm gehören freilich auch mehr als ein Dutzend exterritorialer Liegenschaften in der Stadt Rom, darunter der Laterankomplex, die Basiliken Santa Maria Maggiore und St. Paul vor den Mauern, ferner mehrere päpstliche Priesterseminare und Universitäten sowie der Palazzo della Cancelleria am Campo dei Fiori, das Krankenhaus Bambino Gesù auf dem Gianicolo-Hügel und mehrere Kongregationsgebäude in der Nähe des Vatikans. Nicht zu vergessen außerhalb von Rom die päpstliche Sommerresidenz Castelgandolfo in den Albaner Bergen sowie Santa Maria di Galeria nördlich von Rom, die Sendestation von Radio Vatikan.

Auch diese Gebiete, im ganzen nochmals siebzig Hektar umfassend, unterstehen der Souveränität des Papstes, der in seinem Staat gleichzeitig Regierung, Gesetzgeber und rechtsprechende Gewalt ist; ein Parlament gibt es nicht. Die innere Verwaltung ist einem Kardinalsausschuß übertragen, dem als Behörde das sogenannte *Governatorato* zur Seite steht.

Es mangelt nicht an anderen Attributen der Staatlichkeit, von der weiß-gelben Flagge und den Briefmarken bis zur eigenen Polizei und zum eigenen Militärkorps, der Schweizergarde; auch als Seefahrernation ist der Vatikan auf den Meeren anerkannt, ein Schiff besitzt er aber nicht.

Natürlich gibt es auch eine eigene Feuerwehr. Im Hauptquartier des Jesuitenordens, das zwar ein paar hundert Meter außerhalb des Vatikanstaates im Borgo Santo Spirito liegt, aber ebenfalls dazugehört, brach einmal ein Brand aus. Ein Pater, der daraufhin sofort die Feuerwehr der Stadt Rom holte, mußte sich später tadelnd fragen lassen, warum er nicht erst die Vatikanbehörden eingeschaltet habe. Es handelte sich schließlich, wie beim Abwasser, um eine staatspolitische Angelegenheit.

Mehr zitiert als gelesen

Der Osservatore Romano, die offiziöse Zeitung des Heiligen Stuhls

Er ist keine Zeitung wie andere Zeitungen, der *Römische Beobachter*. Er erscheint in sieben Sprachen und auf allen Kontinenten, aber seine Redaktion sitzt in einem kleinen Sträßchen im kleinsten Staat der Welt, einen Lokalteil gibt es auch. Er ist ein seriöses Blatt, der *Beobachter,* aber seine Schlagzeilen sind manchmal riesengroß und lauten etwa: »Von der unauslöschlichen Beziehung zwischen Gott und dem Menschen hängt die Zukunft der Gesellschaften ab.« Er veröffentlicht kaum Anzeigen und erwirtschaftet Defizite, aber eine Einstellung stand nie zur Diskussion. Manche seiner Leser sehen ihn als Führer durch das Leben und Zentralorgan des Himmels an; andere gähnen, wenn sie ihn aufblättern, oder schauen nur die erste Seite an, unten rechts, wo die Ernennungen stehen. Seine Auflage ist gering, seine Bedeutung keineswegs. »Dies ist eine Zeitung, die viel mehr zitiert als gelesen wird«, sagt Carlo De Lucia.

Der freundliche Italiener führt den Titel eines Sekretärs der Redaktion und ist faktisch der Manager der Tagesproduktion, zweiter Mann nach dem Chefredakteur Mario Agnes. Auf seinem Tisch klingeln Telefone wie in anderen Büros, es stapeln sich Zeitungen, Bücher und Papiere wie in anderen Redaktionen. An der Wand indessen hängen, was man im Pressewesen selten findet, ein Kruzifix und ein Bild des Papstes, und sechs der 37 Redakteure sind Priester. Wir sind hier nämlich im Vatikan, in der Via del Pellegrino, und *L'Osservatore Romano,* wie er im italienischen Original heißt, ist die Zeitung des Papstes.

Sie hat eine Tagesausgabe in italienischer Sprache, das Mutterblatt gewissermaßen, das jeden Nachmittag außer sonntags um 17.30 Uhr in die Büros des Vatikans und an die Kioske in der Umgebung gelangt – unter dem Datum des folgenden Tages. Wer es regelmäßig liest, wird im antiquierten Großformat bedient mit einer Sammlung von Texten, die in ihrer stilistischen, sprachlichen und inhaltlichen Mischung auf der Welt keine Parallele kennt.

Es dominiert das Offiziöse, manche Ausgabe enthält zwei Dutzend Fotos des Papstes. Wann immer amtliche Dokumente herauskommen, päpstliche Enzykliken zum Beispiel, apostolische Sendschreiben oder Erklärungen von Vatikanbehörden, werden sie komplett abgedruckt, im amtlichen Latein und in italienischer Übersetzung. Geht Johannes Paul II. auf Reisen, so schwillt der *Osservatore* unter Umständen an, weil er jede Ansprache bringt. Hält der Papst im Vatikan eine Rede, so wird sie ebenfalls seitenweise wörtlich dargeboten, in Originalsprache mit Übersetzung. Beim Antrittsbesuch des bulgarischen Botschafters ist also ein kyrillischer Text zu bestaunen, zu Weihnachten und Ostern wird der Segen *Urbi et orbi* in 58 Sprachen wiedergegeben, auch in hebräisch, arabisch oder chinesisch und in entlegensten Schriften wie singalesisch, thailändisch und georgisch.

Die Sicht des Vatikans ist global, und das prägt auch die internationale Berichterstattung des *Osservatore Romano.* Nationale oder geographische Kriterien entfallen, ein Busunglück mit zwanzig Toten wird in der Aufmachung nicht danach gewichtet, ob es sich in Bayern, der Provence, Sri Lanka oder Kolumbien ereignet hat – vor dem Papst sind alle Menschen gleich. Große Berichte auf der ersten Seite gibt es von den Balkankriegen ebenso wie von den Massakern in Burundi und Ruanda, vom Meeresbeben auf Papua Neuguinea oder vom Hurrikan in Mittelamerika.

Nun ist der *Beobachter* aber zugleich eine Lokalzeitung, weshalb er neben dem Welt- und Kirchengeschehen sowie gelehrten geistlichen Betrachtungen und Kulturessays auch täglich Nachrichten aus Italien und der Stadt Rom veröffentlicht, ausgewählt nach den Interessenschwerpunkten der Kirche. So findet man häufig Berichte über Wucher, soziale Nöte oder Schulfragen in Rom, hin und wieder waren auch Kommentare zur italienischen Innenpolitik zu lesen, in denen etwa die Mitte-Links-Regierung getadelt oder der mit Mafiavorwürfen belastete Politiker Giulio Andreotti in Schutz genommen wurde.

Bei aller Nüchternheit ist der *Osservatore* keineswegs neutral. Kontroverse oder gar kritische Berichterstattung aus der Weltkirche wird man vergebens suchen, nicht einmal von Bischofssynoden im Vatikan wird frei reportiert, vielmehr werden nur die Erklärungen der Teilnehmer abgedruckt. Unliebsames kommt nicht vor. Als beispielsweise am 18. Dezember 1998 alle italienischen Zeitungen einschließlich des Kirchenblatts *L'Avvenire* von neuen polizeilichen Durchsuchungen bei Michele Giordano, dem Kardinal von Neapel, berichteten, der der Beteiligung an Wuchergeschäften und an Steuerhinterziehung verdächtig war, da brachte die Vatikangazette dazu keine Zeile. Aufmacher war an jenem Tag der Luftangriff der USA und Großbritanniens im Irak; weiter war auf Seite eins vom Einsturz eines Hauses in Rom mit 26 Toten zu lesen sowie von der Aufnahme diplomatischer Beziehungen zwischen dem Heiligen Stuhl und der Südseerepublik Palau – im ganzen eine klassische Kombination.

Die Profis im Vatikan freilich werfen den ersten Blick meist auf jene Rubrik im unteren Teil der Titelseite, die mit »Unsere Informationen« überschrieben ist und deren Texte der Redaktion direkt aus dem Staatssekretariat geliefert werden. Sie verzeichnet die Ernennungen von Bischöfen und anderen hohen Würdenträgern, und sie gibt im dürren Stil der Kommuniqués Auskunft darüber, wen der Papst in Audienz empfangen hat, ohne daß irgendetwas über den Inhalt der Gespräche verlautete.

Es sind die Amtsverlautbarungen ebenso wie die ellenlangen Papstreden und die Kampagnen zum Jubiläumsjahr 2000, die bewirken, daß der *Osservatore Romano* gelegentlich Assoziationen an die *Prawda* sowjetischen Angedenkens oder die halbamtliche Kairoer Zeitung *Al Ahram* weckte. »Lassen wir den Vergleich mit anderen Zeitungen«, sagt abwinkend der Redaktionsmanager Carlo De Lucia. Der amerikanische Jesuit Thomas J. Reese kommt in seinem höchst bemerkenswerten Buch »Im Inneren des Vatikan« zu dem Urteil, der *Osservatore* sei »als Dokumentationsdienst von unschätzbarem Wert, aber für den normalen Leser ist er die reinste Kur gegen Schlaflosigkeit«. Was die Redaktion wiederum in einer spitzen Replik als »weder originell noch intelligent« befand.

Polemische Erwiderung liegt durchaus in der Tradition des *Osservatore,* der 1861 in der Endzeit des Kirchenstaates ja gegründet wurde als Kampfblatt gegen die Papstgegner in der italienischen Einigungsbewegung. Aus jener Zeit stammen die

Losungen im Kopf des Blattes, selbstverständlich auf Latein: *Unicuique suum* (Jedem das Seine) und *Non praevalebunt* (Sie werden nicht obsiegen, die Widersacher). 1885 erwarb Papst Leo XIII. die Eigentumsrechte und machte die Zeitung zum offiziösen Organ des Heiligen Stuhls.

Sie hatte ihre große Zeit in der Ära des Faschismus von 1922 bis 1943, als die italienische Presse gleichgeschaltet war und der *Osservatore* als unabhängige Stimme eine Rekordauflage von 150.000 erreichte; zeitweise wurde seine Auslieferung von Agenten des Diktators Benito Mussolini am Eingang des Vatikans blockiert, die faschistische Proganda schmähte das Blatt als »Verbündeten der Juden, der freimaurerischen Demokratie und der protestantischen Plutokratie«.

Heutzutage werden von der Tagesausgabe nach Schätzungen von Journalisten allenfalls noch 15.000 Exemplare abgesetzt, die Redaktion hüllt sich in Schweigen. Freilich gibt es seit langem auch wöchentliche Editionen in englisch, französisch, spanisch, portugiesisch, italienisch und deutsch, einmal im Monat kommt auch eine polnische Ausgabe heraus – im ganzen vermutlich noch einmal rund sechzigtausend Auflage. Wie für das Mutterblatt ist auch für diese im handlichen Mittelformat hergestellten Wochenzeitungen der Schwerpunkt der Arbeit »kein journalistischer, sondern ein dokumentarischer«, wie Hans-Joachim Kracht, der Chefredakteur der 1971 gegründeten deutschsprachigen Ausgabe sagt. Der promovierte Theologe, abgeordneter Beamter des Erzbistums Köln, und seine vier Mitarbeiter und Mitarbeiterinnen haben ihre Büros im Vatikan im Haus des *Osservatore,* gedruckt und verlegt wird freilich seit 1986 im Raum Stuttgart – aus Vertriebs- und Kostengründen.

Die Finanzen sind ein heikles Problem. Seit Jahren produziert der *Osservatore Romano* Defizite, ebenso wie die anderen Medien des Vatikans, namentlich Radio Vatikan, das rund um den Erdball Programme in 34 Sprachen austrahlt. In der Jahresbilanz des Heiligen Stuhls firmieren der Rundfunk und die Zeitung gemeinsam mit dem Fernsehzentrum und der Verlagsgesellschaft *Libreria Editrice Vaticana* seit Jahren als dickster Verlustposten – 1997 beispielsweise mit umgerechnet zwanzig Millionen Euro. Indes sind diese Medien ebenso wie die seit 1997 betriebenen Internetseiten für die Kirche zentrale Instrumente ihrer Lehr- und Verkündigungstätigkeit, ihr Fortbestand steht außer Frage.

Auf die Tiefenwirkung kommt es an, und da ist der Redaktionsmanager Carlo De Lucia noch immer zuversichtlich: »Alle Großen der Erde lesen den *Osservatore Romano*, wenn nicht direkt, dann haben sie Büros, wo er studiert wird.« Von jeher hat der Kreml zwei Abonnements, auch nach Peking geht ein Exemplar. Die beim Heiligen Stuhl in Rom akkreditierten Botschafter und ihre Mitarbeiter sowie die über den Vatikan berichtenden Journalisten aus aller Welt gehen das Blatt ohnedies jeden Tag gründlich durch. Für die katholischen Bischöfe rund um den Globus ist es Pflichtlektüre.

Es gibt auch Menschen, die das Blatt mit purer Begeisterung lesen. 1997 schrieb der 73jährige Abonnent Alonso Mazzoni aus Greve im Chianti an die Redaktion, er habe sich vom *Osservatore Romano* in allen wichtigen Entscheidungen seines Lebens leiten lassen, seit er ihn mit 18 Jahren kennengelernt habe. Mazzoni hat fast jede Ausgabe seit 1942 gelesen, ausgenommen eine Periode postalischer Unterbrechungen während des Kriegs. Und er hat, so schrieb er, sämtliche Exemplare aufgehoben.

Rubinrotes Knopfloch und filettierter Talar

Die Kleiderordnung des Klerus ist das Abbild einer straffen Hierarchie

Meister Gammarelli ist die Verschwiegenheit in Person. Er nennt keine Namen, er nennt keine Zahlen, er nennt keine Preise, und über die Herkunft seiner erlauchten Kundschaft sagt er nur: »Von allen Kontinenten. Es fehlen nur die Pole, Arktis und Antarktis.« Man versteht, daß eine Firma, die seit Generationen einen Ruf als Schneiderei der Päpste, der Bischöfe und Priester genießt, auf Diskretion hält. Aber diese geht nun doch sehr weit, wenn Massimiliano Gamarelli, im dunklen Anzug hinter dem ehrwürdigen Zuschneide- und Verkaufstisch stehend, nicht einmal sein (mittleres) Alter preisgibt. Nur zu ein paar kargen Erläuterungen läßt er sich herbei, auf Fragen sagt er hie und da: »Das gehört zu den kleinen Geheimnissen der Firma.«

Nun gut, die Kundschaft wird es dem Maestro aus der Via Santa Chiara zu danken wissen; und man darf ja auch die Konkurrenz nicht vergessen, die da ebenfalls in der Altstadt von Rom, unweit des Pantheon, oder in New York ansässig ist. Also lassen wir die Blicke über die hohen, alten Regale gleiten und über das, was sie bergen: Wollstoffe verschiedenster Beschaffenheit in den Farben schwarz, violett und kardinalsrot, ferner Tressen und Damaststoffe, die für Meßgewänder und Bischofsmützen Verwendung finden. Auf dem Tisch wird eine Soutane ausgebreitet, die ein junger Priester gerade abholt, an anderer Stelle liegen weiße Krägen und purpurrote Käppis.

Die Garderobe des Klerus – es ist eine Wissenschaft für sich, und wer sich im Vatikan umtut, wird rasch gewahr, daß dort eine Kleiderordnung herrscht, die das Abbild einer straffen Hierarchie ist. Wie beim Militär ist der Rang einer Person am Gewand abzulesen (wobei ein hoher Dienstgrad, wie ein Insider anmerkt, nicht unbedingt einer wichtigen Tätigkeit entsprechen muß). Wie bei Richtern oder Professoren und wie bei Würdenträgern anderer Religionen künden wallende Talare und Kopfbedeckungen von der Bedeutung einer öffentlichen Aufgabe.

Am Anfang steht das Bedürfnis nach Unterscheidung. Priester sollen als solche kenntlich sein, und Papst Johannes Paul II. hat schon vor Jahren Anweisung gegeben, modernistische Laxheit nicht einreißen zu lassen. In einer Richtlinie der Kongregation für den Klerus aus dem Jahr 1994 heißt es drum, Priester hätten »schickliche Kleidung« zu tragen, gemäß den örtlichen Gepflogenheiten und den Beschlüssen ihrer nationalen Bischofskonferenzen. Sofern sie nicht den klassischen Talar anlegten, müsse ihr Gewand sich von dem der Laien abheben und »der Würde und der Heiligkeit des Amtes« entsprechen.

Eine gewisse Vielfalt ist erlaubt, und sie springt in Rom, wo ständig Geistliche aus aller Welt zugegen sind, schon im Straßenbild ins Auge. Manche Kleriker tragen den traditionellen Talar, jenen schwarzen Gehrock, der bis zu den Knöcheln reicht und mit rund dreißig Knöpfen versehen ist, aber nur selten sieht man dazu noch ein Birett oder den großen Priesterhut, der von den Italienern scherzhaft Saturn, von den Deutschen Tellermine genannt wird. Die meisten gehen barhäuptig und fühlen sich wohler im zeitgemäßen *Clergyman,* einem dunklen Anzug mit gedecktem Hemd.

Dabei verrät der Kragen oft die Herkunft oder Orientierung des Trägers. Im Vatikan sieht man zumeist das sogenannte römische Kollar, die umlaufende steife Kragenleiste, die auch als Plastikeinsatz zu haben und in jedem Fall recht unbequem ist. Priester und Bischöfe, die nördlich der Alpen leben, bevorzugen im Alltag hingegen den sogenannten Oratorianerkragen: weiße Hemdspitzen lugen über einen schwarzen Pulli hinaus, wie es die Weltpriestergemeinschaft der Oratorianer für gut befindet. Mancher beschränkt sich auch auf Sakko und Krawatte und steckt sich dazu ein Kreuz ans Revers – für Traditionalisten eine tadelnswerte Leichtfertigkeit.

Jedenfalls weiß ein Theologieprofessor zu berichten, daß er vor Jahren im Vatikan einen Studienfreund aus Irland besuchte, der damals einer der Privatsekretäre des Papstes war. Johannes Paul II. kam hinzu, sah den Gast mit der Krawatte und fragte: »Wo ist das Kollar?« Und ein deutscher Pfarrer, der in der Peterskirche frühmorgens eine Messe lesen wollte, mußte erst seinen Priesterausweis, das sogenannte *Celibret,* vorzeigen. Er trug den Oratorianerkragen – mit Kollar wurde er später gleich in die Sakristei eingelassen.

Man hängt nun mal im Vatikan am Hergebrachten, und wenn auch nach dem Zweiten Vatikanischen Konzil (1962–1965) die Regeln vereinfacht wurden, so offenbaren doch die Anweisungen für den *Habit* bei feierlichen Papstmessen immer wieder, daß in der katholischen Kirche nichts dem Belieben überlassen bleibt. Bischof Piero Marini, der Meister der Päpstlichen Liturgischen Zeremonien, gibt dazu Erlasse heraus, die der *Osservatore Romano* auf Seite 1 veröffentlicht. Und also kleiden sich die Herren Kardinäle, Patriarchen, Erzbischöfe und

Bischöfe mit *rocchetto* (Chorhemd) und *mozzetta* (Schulterkragen mit Kapuze), die Äbte und Mönche mit ihren besonderen Chorgewändern. Die Prälaten legen Chorhemd und *mantelletta* (offenes knielanges Gewand) an, eventuell auch die *cotta* (Chorrock), darüber den violetten Umhang mit violettem Band, »je nach Rang«. Für die Kapläne Seiner Heiligkeit sind Chorrock und filettierter Talar mit violettem Band vorgeschrieben.

Schon die Farben zeigen an, wer zu welchem Stand gehört. Einfache Priester begnügen sich mit Schwarz (soweit dies nicht die Meßgewänder betrifft, die für alle Ränge je nach Festtag changieren). Das Violett ist den Prälaten und Bischöfen vorbehalten. Im Alltag legt ein Bischof den schwarzen Talar an; der Kollarkragen jedoch, das *cingulum* (Gürtelbinde) und der *pileolus* (Scheitelkäppchen) sind violett. Die Farbe der Kardinäle ist das Purpurrot; Gürtelbinde, Käppi und *Ferraiolo* (Überwurf) werden aus roter Moiréseide gefertigt, das rote Birett darf im Gottesdienst, nicht aber im Alltag getragen werden. So nachzulesen im sogenannten Zeremoniale für die Bischöfe, einem dicken Buch mit lauter Vorschriften, die bis zum rubinfarbenen Knopflochbesatz gehen und etwa für Apostolische Protonotare und Kleriker der Apostolischen Kammer die rubinrote Quaste am schwarzen Birett vorsehen.

Schließlich bleibt das Weiß, die Farbe des Papstes, und es bleiben Kleidungsstücke, die nur ihm vorbehalten sind. Das *succintorio,* eine Unterarmschärpe, trägt der Pontifex heutzutage bei Gottesdiensten ebenso wenig mehr wie den *fanone,* einen besonderen seidenen Schulterkragen, oder die dreistöckige Papstkrone, die *Tiara.* Wohl aber legt er, wie es in einschlägigen Handbüchern heißt, bei bestimmten Anlässen den *manto papale,* einen seidenen Mantel, oder die *falda,* eine seidene Schleppe, an. Eine weitere Besonderheit ist das *pallium,* ein ringförmig um den Hals gelegtes, drei Finger breites Band, das außer dem Papst nur den Erzbischöfen zukommt. Es ist mit sechs in schwarzer Seide gestickten Kreuzen versehen und wird vor der Verleihung auf das Grab des Apostelfürsten Petrus gelegt. Zur Herstellung benutzt man die Wolle zweier Lämmer, die jedes Jahr am 19. Januar, dem Fest der heiligen Agnes, vom Papst gesegnet werden.

Das Pallium greift ebenso wie der Bischofsstab das Gleichnis vom guten Hirten auf, und natürlich ist die ganze Kleiderordnung auf uralte Tradition gegründet. Indes entbehrt sie nicht gewisser Anreize für die menschliche Eitelkeit, und diese soll gelegentlich auch unter Bischöfen und Kardinälen ihre Opfer suchen. Da gibt es einige Würdenträger, die wieder an der *cappa magna cardinalizia,* einer langen Schleppe, Gefallen finden. Da gibt es jenen hohen Vatikanbeamten, der sagt, nirgends werde unter Männern so auf das Outfit geachtet wie im Vatikan; mißbilligend spricht er von »weibischem Getue«. Ein anderer meint, manche Papstmesse gleiche einem pfauenhaften Defilee – Federico Fellini läßt grüßen mit seiner pompösen klerikalen Modenschau aus dem Film »Roma«. Auch aus anderen Ländern, auch aus Deutschland reisen Priester nach Auskunft von Insidern eigens nach Rom, um sich beim Edelschneider ihre Soutane anmessen zu lassen, bei Gammarelli zum Beispiel.

Gammarelli schweigt. Er bedient normale Priester und Seminaristen aus aller Welt ebenso wie Kardinäle und Bischöfe, manchmal wird das ganze Geschäft auch auf dem Postweg abgewickelt. Wie in einem solchen Fall die Anprobe vonstatten geht, verrät Herr Gammarelli selbstverständlich nicht. Hat der Papst Bedarf an neuen Kleidern, begeben sich die Schneider in den Vatikan. Bis die Gewänder dann in Handarbeit genäht sind, vergeht stets eine gewisse Zeit. Von jetzt auf gleich wird nur in einem einzigen Fall geliefert: wenn ein Konklave stattfindet und für den neuen Papst drei weiße Talare in drei verschiedenen Größen bereitzuhalten sind. Dann müssen alle anderen Aufträge warten, wie Massimiliano Gammarelli sagt. Immerhin hat er im Schaufenster ein kleines Zeichen gesetzt, das anzeigt, wer hier manchmal ordert. Es liegt ein Scheitelkäppchen aus, das nur einer tragen darf – in Weiß.

Naive Tauben und reißende Wölfe

Auch Priester und Prälaten leiden unter Intrigen, Nepotismus und Karrierismus

Die Sache mit den Ohrfeigen, sagte Monsignore, »ist komplett erfunden«, und man habe herzlich darüber gelacht. Es habe diesen Vorfall nicht gegeben, von dem die römische Zeitung *Il Messaggero* im April 1999 schrieb: daß da zwei Herren aus dem Vatikan sich auf der Piazza della Città Leonina, unweit des Sankt-Annen-Tores, gegenseitig im Talar je eine kräftige Maulschelle verabreicht hätten. Und zwar eines neuen Buches wegen, das den schönen Titel *Via col vento in Vaticano* (Vom Winde verweht im Vatikan) trug und das in Kirchenkreisen – auch ohne Handgreiflichkeiten – allerhand Furore machte.

Es ist ein Buch wie ein Messer, »ein Seziermesser zur Säuberung einer tiefen, eiternden Wunde«, schreiben die anonymen Autoren. Bei ihnen handelt es sich nach Angaben des linken Mailänder Verlages Kaos Edizioni, der sich mit Enthüllungsstories einen Namen gemacht hat, um »einige Prälaten aus der vatikanischen Kurie«, auch pensionierte darunter. Einer von ihnen, Monsignore Luigi Marinelli, vormals Abteilungsleiter in der Kongregation für die östlichen Kirchen, stand für Rückfragen zur Verfügung, und Monsignore sagte, die Verfasser seien mehr als ein halbes Dutzend an der Zahl, unter ihnen Mitarbeiter früherer Päpste. Allesamt rechnen sie sich offenkundig zu jenen achtzig Prozent von Vatikanbediensteten, die dem Buch zufolge in Stille und Ergebenheit ihre Pflicht tun wie die Ameisen und dabei voll Ingrimm beobachten, wie eine andere Spezies, die der hemmungslosen Karrieristen, das Ruder an sich reißt und den Papst »auf den Arm nimmt«, wie es heißt.

Es kam der Gegenschlag, und zwar mit Wucht. Kein Kenner wird ihm ohne Vorbehalte begegnen. Wer sich in vatikanischem Ambiente bewegt, macht rasch die Erfahrung, daß dort die Luft schwirrt von Behauptungen und Gerüchten, deren Wahrheitsgehalt kaum überprüfbar ist, und diese Atmosphäre haftet notgedrungen auch dem Buch an. Der Vatikan ist keine offene Gesellschaft, sondern er ist byzantinisch verwinkelt und hat eine höfische Struktur, die ganz auf den Papst ausgerichtet und auf unverkennbar italienische Weise feudalistisch geprägt ist. Allenthalben herrscht Geheimniskrämerei, Kontroll- und Beschwerdeinstanzen existieren nicht, Mitbestimmung ist nicht vorgesehen, sondern Gnade und Gehorsam.

Persönliche Beziehungen sind fundamental, ohne Fürsprache und Protektion kommt man in der Regel nicht weit. Es gibt Seilschaften, und es gibt Organisationen wie das Opus Dei, die Fokolarbewegung, die Neokatechumenalen oder die Gemeinschaft Sant' Egidio, die Einfluß haben. Es gibt – bei Laien wie bei Priestern – auch Karrierismus und Intrigen, es mischen sich »naive Tauben und reißende Wölfe«, wie ein Insider sagt. Neben hochbefähigten und welterfahrenen Kurienbeamten arbeiten Menschen, die eher dank guter Beziehungen oder christlicher Barmherzigkeit an ihre Posten gekommen sind. In manchen sogenannten Dikasterien sind die Mitarbeiter nach Auskunft von Kennern stolz darauf, sich für ihren Kardinalspräfekten ins Zeug zu legen, und in anderen Ressorts sind die Beschäftigten deprimiert und demotiviert, weil der Chef sein Personal ganz und gar nicht zufriedenstellend führt.

Es ist insoweit nichts grundsätzlich Unbekanntes, was das Buch der Monsignori zu bieten hat, und es gibt ja derlei Phänomene auch außerhalb der Kirche. Doch macht es Sensation genug, wenn überhaupt Priester im Vatikan eine solche Streit- und Schmähschrift veröffentlichen; zudem läßt die Schärfe aufhorchen, mit der gewisse Mißstände als »Vatikanismus« gegeißelt werden. So heißt es, die Aufrechten und Originellen, die die sybillinischen Kompromisse, den Opportunismus und die Speichelleckerei entlarvten, würden isoliert, ins Abseits gedrängt, verdächtigt, lächerlich gemacht und durch Verleumdungen großer Pein ausgesetzt. »Die Moral im Vatikan ist verseucht von Intrigen, Sittenverderbtheit, Klientelwirtschaft und persönlichen Empfehlungen zur Beförderung.« Der Nepotismus vergangener Jahrhunderte lebe wieder auf, es komme zudem Korruption und Erpressung vor, heimlich würden Telefone abgehört und Diensträume durchsucht. Auch von homosexuellen Neigungen bestimmter Herren ist die Rede, und der eine oder andere geistliche Herr soll auch Liebschaften mit Frauen gepflogen haben.

Verbitterung spricht aus dem Pamphlet, das aus dem Dunkel kommt, und es mutet an wie der Racheschrei einer gekränkten Seele, wenn immer wieder der »Clan der Romagnoli« attackiert wird, eine Gruppe hoher Würdenträger aus der norditalienischen Region Romagna, deren »Seilschaftsführer« der Kurienkardinal Achille Silvestrini sei, der Präfekt der Kongregation für die Östlichen Kirchen. Überhaupt ist fast nur vom italienischen Milieu im Vatikan die Rede. So heißt es, der frühere Papst Paul VI. sei in wenigstens zwei Fällen zur Ernennung italienischer Kardinäle genötigt worden, 1975 habe es gegen ihn ein Komplott gegeben, hinter dem die Freimaurer gesteckt hätten. Die Freimaurer hätten auch Angehörige der Kurie in ihren Reihen und machten im Vatikan Einfluß geltend – ein Vorwurf, der für gewöhnlich aus der konservativ-traditionalistischen Ecke kommt.

Stichfeste Beweise zum Beleg solcher Thesen darf man von dem Buch nicht erwarten. Eher ist es einer polemischen, mit Bibelzitaten und lateinischen Sentenzen reich gespickten Bußpredigt vergleichbar, und die Verfasser berufen sich nicht von ungefähr unter anderem auf den Mönch Girolamo Savonarola, der im Jahr 1498 unter anderem wegen seiner Moralvorhaltungen gegen den wüsten Papst Alexander VI. verfolgt und gehenkt wurde.

Zugleich scheint neuzeitlicher Reformismus auf. So fordern die ungenannten Monsignori, mit der despotischen und entwürdigenden Allmacht der Vorgesetzten müsse Schluß sein im Vatikan. Auch sollten die Bischöfe nicht mehr nur auf Empfehlungen hin berufen werden, sondern aus einer regelrechten Bischofsschule hervorgehen. Die Priester und Ordensleute, bisher rechtlose Untertanen, sollten als Interessenvertretung eine Korporation bilden dürfen, »eine kirchliche Solidarnosc«, wie es in Anspielung an die legendäre polnische Gewerkschaft heißt. Wenn der Vatikanstaat sich nicht nach Art eines totalitären Regimes verhalten wolle, dann solle er die kirchliche Soziallehre und die Äußerungen Papst Johannes Paul II. zu diesem Thema auf eigenem Boden Realität werden lassen.

Daß solche Forderungen und Bezichtigungen Aufsehen erregen, versteht sich von selbst und war beabsichtigt. »Es war eine Bombe«, sagte Monsignore Marinelli, die Basis klatsche den Autoren Beifall für ihren Mut. Von der Gegenseite wurde intern verbreitet, es handele sich um das Werk eines einzelnen Prälaten, der eine Rechnung mit dem Kardinal Silvestrini begleichen wolle. Das Buch fand guten Absatz, gleich in den ersten Tagen des Erscheinens im März 1999 gingen allein in Rom 1500 Exemplare weg, und eine gewaltige neue Nachfrage setzte ein, als die Presse drei Monate später berichtete, Marinelli sei vor ein päpstliches Gericht geladen worden.

Indessen durften sich die Autoren durch Äußerungen aus höchstem Munde bestätigt fühlen. Bernardin Gantin, der Dekan des Kardinalskollegiums, charakterisierte zwar das Buch als nutzlos und destruktiv, zugleich aber merkte er in einem Interview der Zeitschrift *30 giorni* an: »Sicher erkennen wir unsere Sünden an und bitten Gott und die Kirche für diese Sünden um Vergebung.« Außerdem bestätigte er wie zuvor schon der italienische Kurienkardinal Vincenzo Fagiolo, daß es unter den rund 4250 Bischöfen der Kirche ein befremdliches Karrieredenken gebe.

Gantin muß es wissen. Der Afrikaner aus Benin war bis zu seiner Pensionierung 1998 vierzehn Jahre lang der Präfekt der Bischofskongregation, die für den Papst die Berufung und Versetzung von Bischöfen und Kardinälen vorbereitet. Wie er sagte, sind ihm in dieser Zeit durchaus Bischöfe begegnet, die scherzhaft oder ganz im Ernst eine Versetzung und Beförderung begehrten und etwa sagten: »Eminenz, ich bin in dieser Diözese schon seit zwei, drei Jahren und habe alles getan, was man mir aufgetragen hat ...« Gantin war davon nach eigenen Worten »sehr schockiert«. Andere Male habe er nach einer Bischofsweihe Ausrufe gehört wie »Ad altiora!«. Das ist Latein und bedeutet: Auf zu höheren Ämtern.

Dollars für Michelangelo

Ein amerikanischer Dominikaner sucht Sponsoren für die Restaurierung von Kunstwerken

Der Arbeitsplatz von Pater Allen Duston ist von beneidenswerter Schönheit. Sein großer Schreibtisch steht in einem alten Gewölbe, der Boden ist gekachelt, die Wand mit kostbaren Hölzern vertäfelt. Aus dem Fenster sieht man auf den Petersplatz und auf Rom, die Haustür führt zum Sankt-Damasus-Hof im Inneren des Vatikans. Papst Innozenz VIII. (1484–1492) hatte in diesem Raum einst seine Bibliothek, heute steht hier ein Computer mit Internetanschluß.

Daß Pater Duston dennoch eher selten im Büro anzutreffen ist und sich die meiste Zeit im Jahr auf Reisen befindet, hat einen simplen Grund: »Die einzige Art, Geld aufzubringen, ist, dorthin zu gehen, wo das Geld ist«, sagt der amerikanische Dominikanermönch. Er leitet in der Vatikanischen Vermögensverwaltung das Büro der *Patrons of the Arts* (Patrone der Künste) und sucht weltweit Sponsoren für die Restaurierung von Kunstwerken, die in den Vatikanischen Museen zu sehen sind.

Rund achthundert solcher Mäzene gibt es bereits, die meisten in den USA, rund zweihundert auch in Deutschland. Mit einem steuerlich absetzbaren Jahresbeitrag von mindestens fünfhundert Dollar und größeren Spenden finanzieren sie etwa die Auffrischung von Fresken in der Sixtinischen Kapelle, die Ausbesserung von Teppichen und Statuen, die Erforschung von Inschriften oder den Kauf teurer Infrarotkameras zur Analyse von Holz.

Bekanntermaßen besitzen die Vatikanischen Museen herausragende Kunstobjekte verschiedenster Epochen, einmalige antike Skulpturen ebenso wie unschätzbar wertvolle Werke von Michelangelo oder Raphael. Sie finanzieren sich durch Eintrittsgelder, einen Zuschuß vom Heiligen Stuhl gibt es nicht. Indes reichen die Einnahmen nur für den laufenden Unterhalt. Schon Anfang der achtziger Jahre wurde deshalb der Aufbau eines Sponsorennetzes eingeleitet, eine Stiftung kam inzwischen hinzu.

In den USA gibt es eine ganze Reihe von Unterstützergruppen, auch in Deutschland und England sind Kontakte geknüpft, und Pater Duston sucht nun in weiteren Ländern nach Sponsoren, vor allem in Europa. Ob sie katholisch sind, zählt dabei nicht. Auch Protestanten und Juden gehören zu den Gönnern, und für Duston ist gerade die Zusammenarbeit über Religionen hinweg ein interessanter Aspekt der Bemühungen um einen Schatz, der zum Erbe der ganzen Menschheit gehört.

Es ist die Liebe zur Kunst, die die Spender eint. Von Zeit zu Zeit besuchen sie den Vatikan, besichtigen die von ihnen finanzierten Restaurationen und hören dazu beispielsweise einen Vortrag von Professor Arnold Nesselrath, der in den Vatikanischen Museen die Abteilung für byzantinische, mittelalterliche und moderne Kunst leitet. Nesselrath lehrt auch Kunstgeschichte an der Berliner Humboldt-Universität und organisiert auswärtige Ausstellungen mit Objekten aus seinem Bestand in Rom, so etwa 1998/99 in der Bundeskunsthalle in Bonn.

Auch solche Veranstaltungen geben Gelegenheit, neue Förderer zu werben. Ihnen winken, wenn sie in Rom sind, exklusive Vergünstigungen. Sie dürfen die Sixtinische Kapelle besuchen, wenn sie leer ist, und sie werden zum Abendessen bei

Fackelschein in einen vatikanischen Prachtbau eingeladen. Und Pater Duston empfängt sie zum Kaffee in seinem schönen Büro.

Das vatikanische Geheimarchiv hat sich inzwischen an der Initiative ein Beispiel genommen. Zahlreiche kostbare Siegel, mit denen die dort aufbewahrten Urkunden aus vergangenen Jahrhunderten versehen sind, drohen durch chemische Zersetzung verloren zu gehen. Um sie zu restaurieren und erhalten, will Pater Sergio Pagano, der Präfekt des Archivs, Geld beschaffen. Er ließ rund 250 Siegel in Gold und Silber reproduzieren und zum Preis von sechzig bis fünfhundert Euro an Liebhaber verkaufen.

Die Muskeln der Verdammten

Nach jahrelanger Restauration erstrahlt die Sixtinische Kapelle in neuem Glanz

Die ersten, die die Sensation zu sehen bekamen, waren die Kameraleute der japanischen Fernsehgesellschaft Nippon Television Network Corporation. Ihre Bosse hatten drei Millionen Dollar auf den Tisch geblättert, damit das Jahrhundertwerk der Restaurationskunst ohne finanzielle Probleme vonstatten gehen konnte, und sich zudem verpflichtet, die Arbeit in allen ihren Stadien filmen zu lassen und so für alle Zeiten zu dokumentieren. Sie erwarben dafür – Kommerz macht vor dem Heiligsten nicht halt – bis zum Jahr 1995 die Rechte auf alle Bilder, die von dem erneuerten Opus Magnum gemacht wurden.

13 Jahre lang, von 1981 bis 1994, ist eine der bedeutendsten Schöpfungen der Kunstgeschichte restauriert worden: die Wand- und Deckenmalereien des Michelangelo Buonarotti in der Sixtinischen Kapelle des Vatikans. Mit destilliertem Wasser und Mischungen aus Wasser, Ammoniumkarbonat und Nitroverdünnung traktierten die von den Professoren Fabrizio Mancinelli und Gianluigi Colalucci angeführten Restauratoren die Wände und Decken und wuschen so den Firnis herunter, der sich in Jahrhunderten aus Staub und Kerzenruß gebildet hatte. Ähnlich verfuhren sie danach mit Fresken anderer Meister wie Botticelli, Signorelli und Perugino, die sich unterhalb der Michelangelo-Gemälde an den Wänden der Sixtina finden. Rechtzeitig zum Jahr 2000 war die Kapelle komplett erneuert, zum dritten Mal in ihrer Geschichte.

Eine besondere Herausforderung stellte Michelangelos monumentales Alterswerk »Das jüngste Gericht« dar, das 180 Quadratmeter der Stirnwand der Kapelle bedeckt. Es hatte immer wieder Eingriffe erdulden müssen, seit der widerstrebende Künstler es 1541 auf Befehl des Papstes Paul III. vollendet hatte. Schon Zeitgenossen schien manche Nacktheit frevelhaft, und auf Beschluß des Konzils von Trient wurden bereits 1565, ein Jahr nach Michelangelos Tod, bestimmte Genitalien und Hinterbacken züchtig übermalt. Derlei Zensuren wiederholten sich, und eine der vielen Fragen, vor denen die Restauratoren standen, war die, in welchem Umfang solch spätere Verfälschungen wiedergutgemacht werden sollten. Man beschränkte sich darauf, einige der insgesamt 38 veränderten Figuren in den Urzustand zurückzuversetzen; die fortdauernde Verhüllung der anderen begründete Papst Johannes Paul II. im April 1994 in einem Festgottesdienst zur Wiedereröffnung der Sixtinischen Kapelle mit den Konzilsbeschlüssen von Trient.

Eine veritable Gelehrtenkontroverse gab es auch um die Technik der Restauration. Die Bilder des Michelangelo erstrahlen seit der Restaurierung mit einer Leuchtkraft, die auf Anhieb überwältigt. Der amerikanische Kunsthistoriker James Beck, Professor an der New Yorker Columbia University, hielt den Experten der Vatikanischen Museen deshalb vor, das »Jüngste Gericht« im Stil der Pop Art oder des Farbfernsehens aufgemöbelt, manche Schatten weggewischt und so einen Michelangelo rekonstruiert zu haben, den es nie gegeben habe. Den Maler Toto Scialoja dünkte es, die Muskeln der Verdammten hätten das Aussehen von Räucherlachs erlangt. Hingegen ist der vatikanische Chefrestaurator Gianluigi Colalucci der Überzeugung, das Wandgemälde sei »im wahrsten Licht« wiedererstanden. Auch Kritiker und gewöhnliche Betrachter zeigten sich begeistert.

Ihr Ansturm ist indes nicht ungeteilter Grund zur Freude. Die Schweiß- und Wärmeausdünstungen von tausenden Menschen, die täglich durch die Vatikanischen Museen und die Sixtinische Kapelle drängeln, könnten die Kunstwerke neuerlich schädigen. Wie gut nur, daß eine US-Firma dem Papst eine computergesteuerte Klimaanlage schenkte, mit deren Hilfe in der Sixtinischen Kapelle stets die optimalen Temperaturen und Feuchtigkeitsgrade eingehalten werden können. Ein deutsches Unternehmen stiftete die Beleuchtung. Worauf der *Corriere della Sera* spottete: »An Italienischem ist nur noch Er da – Michelangelo.«

Premiere für einen Kommunisten

Der Papst auf Reisen: eine historische Mission in Cuba

Es hat erst der Papst nach Cuba kommen müssen, bis Ramon Lopez Rodrigo in seinem 67. Jahr zum ersten Mal in eine katholische Messe gegangen ist. Die Sache hat ihm gefallen. »Der Papst ist eine große Persönlichkeit«, sagt der Mann, »ich bin einverstanden mit ihm.« Ramon Lopez Rodrigo, Facharbeiter in der Zuckerrohrindustrie, ist ein Atheist, und es ist also ein besonderes Ereignis, daß er zum Sportplatz der höheren Schule für Körperkultur gekommen ist, die nach dem Comandante Manuel Fajardo benannt ist.

Das weitläufige Wiesengelände am Stadtrand von Santa Clara ist an diesem sonnenheißen Vormittag des 22. Januar 1998 bevölkert von Zehntausenden Männern, Frauen und Kindern in zwangloser bunter Alltagskleidung. Fahnen wehen, Ordner stehen, und immer wieder ragt eine zusammengeklappte Tragbahre über die Köpfe hinaus, von Rot-Kreuz-Helfern hochkant gehalten. Über der friedlichen Menge liegt der Klang von Canga-Trommeln und Marimba-Rasseln, zu deren ansteckenden Rhythmen ein Chor von mehr als hundert Sängern vielstimmig ein Lied mit dem Refrain »Halleluja« singt. Die Lautsprecherbatterie verstärkt die Musik so sehr, daß die Worte von Ramon Lopez Rodrigo nur schwer zu verstehen sind.

Eine große Altarbühne ist aufgebaut, mit einem spitzgiebeligen Dach, unter dem inmitten einer großen Zahl von Bischöfen und Priestern auf einem Sessel der Papst sitzt. Es ist schon eine kleine Sensation, was da passiert. Nie zuvor in der Geschichte hat ein Oberhaupt der römisch-katholischen Kirche die Insel Cuba besucht, und nie zuvor hat das kommunistische Regime des Fidel Castro so viel Entgegenkommen gegenüber der Kirche gezeigt. Es braucht sie als Verbündeten gegen die Isolation.

Johannes Paul II. nutzt dies aus, und er demonstriert auch auf dieser, seiner 76. Pastoralreise in die weite Welt, wie fest er von seiner Mission und seiner Wirkung überzeugt ist. Mit weit hallender Stimme hat er soeben eine Predigt gehalten, die von der Familie handelte, und dem Zuckerrohrarbeiter Ramon Lopez Rodrigo hat sie gefallen. »Er sagt, was er denkt, und wir sagen, was wir denken, aber es gibt nicht viele Gegensätze.« Ramon Lopez Rodrigo ist Mitglied der Kommunistischen Partei Cubas, wie sich im weiteren Gespräch ergibt, und also braucht es nicht zu verwundern, daß er die Worte des Papstes zu den Problemen der Familien in Cuba keineswegs als Kritik an der Regierung versteht, sondern meint: »Der Papst denkt an die Armen. Auch die Regierung denkt in gleicher Weise und kämpft dafür.«

Es sind die Formeln der offiziellen Propaganda, die da widerhallen, auch in den Worten anderer Teilnehmer dieser Messe. Mit seinem Aufruf an alle Cubaner, massenhaft zu den Messen des Papstes zu strömen und massenhaft die Wege des Gastes von und zu den Flughäfen zu säumen, hat der Partei- und Staatschef Fidel Castro die Anwesenheit bei den Auftritten Seiner Heiligkeit gewissermaßen zur vaterländischen Pflicht erhoben. Es ist an diesem Morgen in Santa Clara an mancherlei Gesten deutlich spürbar, daß vielen der Anwesenden der religiöse Ritus ganz und gar nicht vertraut ist.

Auch über die Rolle des Papstes gibt es eher verschwommene Vorstellungen. »Er ist die höchste Autorität der ganzen Welt«, sagt eine ältere Frau, die vor Beginn des Gottesdienstes auf dem Zufahrtsweg zum Sportplatz mit Tausenden anderer Menschen auf die Wagenkolonne mit dem Papamobil gewartet hatte. »Der Papst ist eine historische Person, ein Staatschef«, meint ein junger Arbeiter. Andere formulieren es ähnlich, und auch hier ist zu spüren, wie sehr die Vorstellungen von der Berichterstattung der staatlichen Medien geprägt sind, die Johannes Paul II. als Chef der katholischen Kirche und Souverän des Staates der Vatikanstadt vorgestellt haben.

Konnte man anderes erwarten? Fast vier Jahrzehnte lang hat die katholische Kirche Cubas im Abseits gelebt, ihre Messen waren nur schwach besucht, die Kinder in den Schulen wurden im Geiste des Marxismus-Leninismus atheistisch erzogen. Es war den Kirchenoberen im Vorfeld des historischen Papstbesuches deshalb sehr wohl bewußt, daß ihr Auftritt auf der Bühne der allgemeinen Aufmerksamkeit einer vorbereitenden Aufklärung bedürfen würde. In allen zehn Diözesen wurden aktive Katholiken deshalb zur Nachbarschaftsmission mobilisiert, wurden losgeschickt mit Bibeln und Flugblättern, um möglichst allen Cubanern etwas von der katholischen Kirche, ihrer Lehre und ihrem Papst zu erzählen. »Vor 15 Jahren war an so etwas noch nicht zu denken«, sagt Diniosio Garcia, der Bischof von Bayamo-Manzanillo.

Nur selten wurden die Laienmissionare von ihren Mitbürgern abgewiesen, so sagen es die Erhebungen der Bischöfe, und so haben es beispielsweise die engagierten Mitglieder der Pfarrei von Guamavacoa erlebt, einer Gemeinde am Stadtrand von Havanna. Ein Kirchlein aus dem 17. Jahrhundert, von Spuren des Verfalls gezeichnet, liegt dort auf einem Hügel, von dem aus über Palmen, Bananenstauden und üppiges grünes Terrain der Blick auf die Silhouette der Hauptstadt fällt. Die nahegelegene Siedlung besteht aus vielen kleinen Häusern, etwa zehntausend Menschen leben darin, und es sind keine Reichen. Nur etwa fünfzig von ihnen sind als aktive Katholiken anzusehen, die zumindest jeden Sonntag in das Kirchlein zur Messe kommen. Aber »katholisch, das ist hier ein bißchen elastisch«, wie der Koordinator dieser kleinen Basisgemeinde sagt, ein hagerer Alter, der früher einmal Priester werden wollte. Es gibt nämlich viele Menschen, die zwar getauft sind, aber nie am Gottesdienst oder am Gemeindeleben teilnehmen.

Sie wiederzugewinnen, war eines der Ziele der Laienmission, die hundert Tage dauerte. Vor allem Frauen und Jugendliche sind in dieser Zeit von Haus zu Haus gegangen, haben an die Türen ihrer Mitbürger geklopft, haben ihnen aus dem Markus-Evangelium vorgelesen, mit ihnen den Rosenkranz gebetet und ihnen etwas vorgesungen. Und sie haben von Johannes Paul II. erzählt. »Den Papst hat keiner gekannt«, berichtet eine Frau. Manche Leute glaubten, der Kardinal von Havanna sei der Papst.

Und andere erfuhren, daß die Katholiken von Guamavacoa nicht nur fromme Worte bringen, sondern auch Milch. Vor allem alte Leute brauchen materielle Unterstützung, Lebensmittel vor allem, um in der äußerst angespannten wirtschaftlichen Situation Cubas über die Runden zu kommen. Es ist ein Anliegen der Kirche, diese soziale Hilfe auszubauen, und sie kann dabei ihrerseits auf die Unterstützung von Katholiken in den USA und Europa bauen. Das deutsche Hilfswerk Adveniat etwa, dessen Präsident, der Essener Weihbischof Franz Grave, ebenfalls zum Papstbesuch eingeladen wurde, finanziert in Cuba nicht nur die Renovierung verfallender Kirchen oder den Kauf von Autos für Priester, sondern läßt mehreren hundert Pfarrern und anderen Kirchenmitarbeitern auch eine monatliche Geldsumme zur Bestreitung des Lebensunterhalts zukommen.

Die ökonomische Misere, die vom Regime auf das Embargo der USA, von ausländischen Kritikern aber auch auf die Systemmängel der Planwirtschaft zurückgeführt wird, bedrückt die Cubaner sehr. Dies erschließt sich auf Anhieb auch den tausenden von ausländischen Pilgern und Journalisten, die zum Papstbesuch ins Land gekommen sind. Wer durch Havanna streift, wird laufend von halbwüchsigen Jungen um einen jener Dollars angegangen, die seit geraumer Zeit als Zweitwährung erlaubt sind. Hier bietet sich ein Autobesitzer (gegen Dollars) als Fahrer an, dort offeriert (gegen Dollars) ein junges Paar eine Mahlzeit im eigenen Heim, Hummer inclusive, und stets geschieht dies mit jenem Charme, der die Cubaner so auszeichnet. Junge Frauen haben sich in den vergangenen Jahren in den Touristenzentren in so großer Zahl als Begleiterinnen für eine Liebschaft auf Zeit angedient, daß daraus ein soziales Phänomen geworden ist; *jineteras*, Reiterinnen, werden sie genannt.

Es gibt also genug Erscheinungen, die für gewöhnlich Gegenstand päpstlicher Ermahnungen sind, und in Santa Clara greift Johannes Paul II. einige davon unverbrämt in seiner Predigt auf. Materielle Entbehrung, unzureichendes Einkommen, Unzufriedenheit aus ideologischen Gründen, Trennung der Familien aufgrund der Emigration einzelner Angehöriger, Lockungen der Konsumgesellschaft und sexuelle Freizügigkeit, das sind einige seiner Stichworte. Und natürlich kritisiert er die in Cuba legalisierte Praxis der Abtreibung als »scheußliches Verbrechen« und »absurde Verarmung der Person und der Gesellschaft«. Bedenkt man, daß in Cuba nach Statistiken des UNO-Bevölkerungsfonds sechzig Prozent aller Schwangerschaften unterbrochen werden, so belegt dies, wie direkt der Papst in diesem Fall die Cubaner anspricht.

Er tut dies auch gegenüber Fidel Castro, auch mit Blick auf die politischen und sogenannten Gewissensgefangenen im Land, deren Zahl Amnesty International mit insgesamt 1200 angibt. Und er übt, als Castro ihn im Palast der Revolution auf braunen Ledersesseln zu einem Gespräch empfängt, nicht minder eindeutig Kritik am sozialistischen Bildungswesen. Die Kirche wünscht ihre eigene Lehre in den Schulen verbreiten zu dürfen, sie möchte mehr Freiraum für all ihre Betätigung haben, und sie verlangt den Zugang zu den staatlichen Medien des Landes. Letzteren hat sie in diesen Tagen des Papst-Besuchs in höherem Maße als je zuvor.

Indes geht das Entgegenkommen nicht so weit, daß etwa in den Abendnachrichten auch kritische Äußerungen des Papstes als Nachricht gebracht worden wären oder daß gar das Parteiorgan *Granma* gemeldet hätte, was der Papst über die Menschenrechte in Cuba dem Mann gesagt hat, den die Menschen und auch die Zeitungen nur Fidel nennen. Dafür merkte das Blatt in seinem Bericht aus Santa Clara an, die Menge der mehr als 150.000 Teilnehmer hätten sich ausgedehnt bis zu der Hügelkette des Capiro, wo vor vier Jahrzehnten im Guerillakrieg eine der bekannten Schlachten des Revolutionsheiligen Ernesto Che Guevara stattfand.

Für die Kirche hat ungeachtet dessen die Zukunft schon begonnen. Ein Aufbruch ist eingeleitet, der historische Besuch Johannes Pauls II. trug schon vor dessen Ankunft in Havanna Früchte. »Es wird schwierig sein, nach diesem Besuch wieder zurückzugehen«, sagt Bischof Garcia aus Bayamo-Manzanillo. Und Kardinal Jaime Ortega, der Erzbischof von Havanna meint, es könne jetzt der von der Kirche so sehnlichst erbetene Dialog mit der Regierung seinen Anfang nehmen.

Jedenfalls gibt es auch auf dem Sportplatz von Santa Clara Leute, eine Gruppe katholischer schwarzer Mädchen zum Beispiel, die meinen, die Kirche werde »mehr Kraft haben« nach dieser turbulenten karibischen Woche. Auch sie haben in den vergangenen Monaten gebetet, haben Lieder gelernt für diese Messe, und sie sind zu der Ansicht gekommen, es sei heutzutage nicht mehr schwierig, Katholik zu sein in Cuba. »Es ist nie soviel über Religion gesprochen worden wie jetzt«, sagt auch der 37jährige Physiklehrer Tomas Avalus, ein Anhänger der Sieben-Tage-Adventisten, der ebenfalls zum ersten Mal in seinem Leben einem katholischen Gottesdienst beiwohnt. Er hält es für möglich, daß der Besuch Johannes Pauls II. eine langsame Änderung der Mentalität einleitet.

Ganz unberührt läßt der Auftritt des Papstes schließlich keinen, auch nicht den alten Kommunisten Ramon Lopez Rodrigo. »Schauen Sie her«, sagt er und zieht aus der Hemdtasche zwei Heftchen hervor. Darin sind die Gesänge und Gebete der Messe abgedruckt. Die Laienmissionare haben solche Broschüren in den vergangenen Wochen verteilt, um über den Ablauf des Gottesdiensts und die Bedeutung der Handlungen zu informieren. Ramon Lopez Rodrigo, der Atheist, der nach eigenen Worten alle Religionen respektiert, hat in einem der Heftchen ein Papstbildchen verwahrt. »Das werde ich«, sagt er, »meinem Enkel schenken«.

An der Spitze steht eine Frau

Die Fokolar-Bewegung ist eine der größten und einflußreichsten Laienorganisationen der Kirche

Alle reden sie von Gott, von der Liebe und von Chiara. Chiara hat das Dorf bauen lassen, Chiara hat die Gründung der beiden Bands angeregt, Chiara hat in Buenos Aires einen Ehrendoktorhut erhalten, Chiara trägt die dezenten Kostüme aus Loppiano, Chiara ist die Hauptperson auf allen Videos, Chiara hat das Charisma. »Chiara ist ein Geschenk Gottes«, sagt einer der jungen Männer, die zum Mittagessen um den großen Tisch sitzen. »Wie sie lebt, was sie sagt, das ist für mich ein Ansporn«, fügt ein anderer hinzu.

Sie sind zu zehnt, aus sechs Nationen, keiner älter als 37 Jahre. Freundlich sind sie und zurückhaltend, nie fallen sie einander ins Wort; dem Gast wird beim Essen als erstem aufgetan. Für eine Weile leben die zehn jungen Männer in Loppiano in einer Wohngemeinschaft, die wie die anderen Wohngemeinschaften dieses außergewöhnlichen Dorfes in der Toskana eine aufgeräumte Küche hat, die Bodenplatten sind gewischt und gefegt.

Blumen stehen in den Wohnungen, Gitarren lehnen an modernen Möbeln, gerahmte Kunstdrucke hängen an den weißen Wänden. Beherrschtheit teilt sich mit aus den gesitteten Mustern und Farben, alles Aufreizende und Chaotische ist fern. Die jungen Männer leben nach dem Ideal der Jungfräulichkeit, der Armut und des Gehorsams. »Die Liebe zu einer Frau ist phantastisch«, sagt Witek, ein polnischer Informatikingenieur, »aber ich habe etwas noch Schöneres gefunden.«

Die Atmosphäre hat etwas Klösterliches, aber ein Kloster ist dies nicht. Loppiano ist ein utopischer Ort, der irdische Ankerplatz einer Idee, die 1943/44 im Kopf der Lehrerin Chiara Lubich aus Trient entstanden ist und heute weltweit etwa 2,2 Millionen Anhänger hat. Die von Chiara Lubich begründete Fokolar-Bewegung, auch »Werk Mariens« genannt, ist eine der größten und einflußreichsten Laienorganisationen der katholischen Kirche, ihr Dialog mit Vertretern anderer Religionen findet Anerkennung bis hin zu den Vereinten Nationen, die Gründerin hat zahllose Preise bekommen.

Um die Triebkraft und Tragweite ihrer Bewegung zu erfassen, muß man sich tief in das Denken eines gläubigen Katholiken versetzen. Die Kirche lehrt, daß sie geführt werde vom Heiligen Geist, der je nach Zeitumständen und Erfordernissen einzelne Menschen mit einer Gnadengabe, einem sogenannten Charisma, ausstatte und so zu einer besonderen Anstrengung anstachle. Ordensgründer wie Franz von Assisi und Benedikt waren solche Charismatiker, ihre Charismen die Neubewertung der Armut beziehungsweise der Arbeit.

Heute gelten als Charismatiker Leute wie der Mailänder Priester Luigi Giussani, der 1954 mit Schülern und Studenten die Bewegung *Comunione e Liberazione* gründete, oder der Madrider Künstler Kiko Arguello und die Nonne Carmen Hernandez; sie haben 1964 die sogenannten Neokatechumenaten ins Leben gerufen, die vertieften Unterricht im Glauben propagieren. Andere kümmern sich um Arme oder Geisteskranke, Chiara Lubichs Charisma ist die Einheit der Menschen.

Welch große Bedeutung man in Rom den charismatischen Bewegungen beimißt, erwies sich an Pfingsten 1998, als im Vatikan erstmals ein Kongreß von 56 internationalen Laienorganisationen stattfand, an dem aus dem deutschsprachigen Raum auch das Kolping-Werk, die Katholische Integrierte Gemeinde und die Schönstatt-Bewegung teilnahmen. Das Wirken all dieser Gruppen nannte der Papst vor 250.000 Menschen »eine unerwartete Neuheit«, er sprach von einem »neuen Frühling der Kirche«, den er in Verbindung zum Zweiten Vatikanischen Konzil sieht. Auch Chiara Lubich, die einzige Frau an der Spitze einer solchen kirchlichen Bewegung, durfte zu den Massen reden. Natürlich haben die Bewohner von Loppiano das am Fernseher verfolgt, soweit sie nicht mit nach Rom zum Petersplatz gefahren waren.

Loppiano liegt südlich von Florenz auf grünen Hügeln, die von Ölbäumen, Weinstöcken und Zypressen bestanden sind. Wer das Terrain durchstreift, stößt auf renovierte Bauernhäuser, in denen Chianti-Wein gekeltert und Keramik hergestellt wird, oder auf das »Haus Hosanna«. Hier sind ein Musikstudio und ein Ballettsaal untergebracht, denn hier wohnen und arbeiten die 23 Mitglieder der Frauenband »Gen Verde«, in einer anderen Villa ist die Männercombo »Gen Rosso« zu Hause.

Eine Vielzahl neuerer Gebäude beherbergt Schulungsräume, Wohnungen und Werkstätten, in einem großen Saal wird Damengarderobe entworfen und genäht. Und überall, an den Arbeitsplätzen wie beim Mittagessen in der Kantine wie bei der Messe im großen Schulungsraum sieht man Menschen aus allen Kontinenten beisammen. An den Werkbänken und Sägen der Kindermöbelfabrik arbeiten junge Männer aus Italien, Deutschland, Polen, Brasilien, Kolumbien, Argentinien, Kamerun, Korea, Neuseeland und Japan, die in ihrer Heimat als Lehrer, Ingenieur oder Fernsehjournalist tätig waren.

Loppiano ist ein Weltdorf mit siebenhundert Einwohnern, »ein Entwurf einer geeinten Welt«, wie Chiara Lubich sagt. Loppiano, 1965 gegründet, ist die älteste von insgesamt 19 Modellsiedlungen rund um die Welt, zu denen auch ein ökumenisches Projekt in Ottmaring bei Augsburg gehört. Junge Frauen und Männer, die die Fokolar-Gelübde ablegen wollen, werden in Loppiano ein oder mehrere Jahre geschult, separat in verschiedenen Teilen des Dorfes untergebracht. Hier üben sie sich in totaler Rücksichtnahme, werden vertraut mit verschiedensten Mentalitäten und verdienen derweil ihren Lebensunterhalt in den eigenen Betrieben, die mehr an guter Zusammenarbeit als am Profit orientiert sind und gleichwohl Rendite abwerfen – Paradefall einer »Wirtschaft in Gemeinschaft«, die inzwischen auch als Projekt für arme Länder weiterentwickelt wird. In Loppiano verdient auch Umberto Giannettoni, der ökonomische Chefmanager, nicht mehr als umgerechnet 750 Euro im Monat; er zahlt sie nach Abzug einer Summe für persönliche Bedürfnisse in die Gemeinschaftskasse der Fokolar-Gemeinschaft ein, in der er lebt.

Loppiano ist gelebtes Beispiel der Idee der Chiara Lubich. Immer wieder hat sie in mehr als fünzig Jahren von dieser Idee geredet, und immer wieder geht die gleiche Fasziniation aus von der mitreißenden Einfachheit und lebhaften Direktheit, die dieser Frau zu eigen ist. Wenn sonntags in Loppiano die Busse mit den Besuchergruppen aus ganz Italien und aus anderen Ländern eintreffen, wenn im großen Saal Musik erklingt, die Bühnenshow abläuft und Chiara Lubich über Video von der Leinwand den vielen hundert neugierigen Gästen über ihr Leben und Denken erzählt, dann erhebt sich Beifall, verbreitet sich Ergriffenheit.

Mit einer Gruppe von Freundinnen hat Frau Lubich, die ursprünglich den Vornamen Silvia trug, in der Endphase des Zweiten Weltkriegs beim Bibelstudium den Entschluß gefaßt, das Evangelium wörtlich zu nehmen, etwa den Satz »Gebet, und es wird euch gegeben werden«. Sie gaben armen Menschen Eier und Schuhe, und es kamen neue Eier und Schuhe ins Haus, wie sie sagt. Die Freundinnen teilten ihren Besitz miteinander und schworen, notfalls für einander zu sterben. Radikal der Nächstenliebe leben, sich eins machen mit anderen, an Jesu Gegenwart inmitten seiner Anhänger glauben, auf die Vorsehung vertrauen – das sind einige der Leitsätze Chiara Lubichs. Hinzu kam der Entschluß, ihr Leben Gott zu weihen und jungfräulich zu leben, zusammen mit den Freundinnen. Schon in der Gründungsphase wurde diesen Wohngemeinschaften, die sich bald ausbreiteten, der Name *focolare* gegeben, was im Italienischen eine Feuerstelle im Haus bezeichnet.

Heute leben in aller Welt etwa sechstausend Frauen und Männer, sämtlich Laien, in solchen *focolari,* nach Geschlechtern getrennt. Sie sind der Kern der Bewegung. Rund 105.000 weitere Mitglieder, davon über 4700 in Deutschland, gehören verschiedenen Untergliederungen an, etwa den Familien- oder Jugendverbänden, den Priester- und Ordenszweigen. Weitere 2,1 Millionen Menschen in 182 Ländern werden als engagierte Freunde und Sympathisanten geführt, in Deutschland 56.000.

Chiara Lubich rechnet zudem nicht weniger als 800 der rund 4250 Bischöfe der katholischen Kirche zu den Freunden ihrer Bewegung, etwa den einflußreichen Prager Kardinal Miloslav Vlk, weitere 2100 Bischöfe halten Kontakt. Auch hohe Amtsträger im Vatikan gehören der Bewegung an, so der

Schweizer Hans-Peter Röthlin als Untersekretär beim Päpstlichen Rat für Soziale Kommunikation, der als erster Laie eine solche Funktion erlangte.

Überdies bestehen vielfältigste Verbindungen zu Würdenträgern anderer christlicher Kirchen und anderer Religionen, etwa zu Moslems in den USA, Juden in Argentinien, Buddhisten in Japan und Thailand. Moslemführer und ein buddhistischer Mönch waren schon in Italien zu Gast. Auch die Anhänger der Fokolar-Bewegung sind ja nicht allesamt katholisch, vielmehr gibt es unter ihnen auch Angehörige von insgesamt dreihundert anderen christlichen Kirchen und Gemeinschaften, ferner Moslems und auch Ungläubige, die »guten Willens« sind. Und alle reden sie von Gott, von der Liebe und von Chiara.

Chiara Lubich sitzt in einem hellbraunen Kostüm auf einem hellgrünen Sofa und wartet geduldig, bis das Tonbandgerät funktioniert. Die Führerin der Bewegung, 1920 geboren, wohnt und arbeitet in der Zentrale, einem zweckmäßig-schlicht in einen alten Park gebetteten Gebäudekomplex in Rocca di Papa, unweit der päpstlichen Sommerresidenz Castelgandolfo bei Rom. Sie folgt einem strikten Tagesplan, den viele ihrer Anhänger ebenfalls einhalten. Gebet und Meditation wechseln ab mit Arbeit und Erholung, jeder Tag sieht die Teilnahme an einer Messe und eine Anbetung am Tabernakel vor.

Es hat ihr, sagt sie mit leiser, tiefer Stimme, nie etwas Besonderes bedeutet, daß sie eine Frau ist, es zählte nur ihr Christsein. Frauen als Priester? »Das ist nicht Gottes Wille, das ist eine Karikatur.« Es mißfällt ihr auch, sich selbst mit altberühmten Kirchenlehrern verglichen zu sehen: »Es ist Gott, der hier am Werk ist.« Und Kritikern, die ihr Personenkult vorhalten, entgegnet sie lächelnd: »Wenn es dem Reich Gottes dient, ertrage ich es auch, daß mir das nachgesagt wird.«

Solche Vorwürfe kommen nicht von ungefähr. Chiara Lubich ist die absolute Zentralfigur der Bewegung, an allen wichtigen Entscheidungen wirkt sie mit. Ihre Spiritualität und Geschichte sind Orientierung allen Bemühens, ihre Begegnungen in aller Welt sind Gegenstand vieler Videofilme, die den Fokolar-Anhängern laufend zugestellt werden. Regelmäßig wendet sie sich auch in Direktübertragung an die Außenstellen rund um den Erdball, jeden Monat gibt sie einen Kommentar zu einem Bibelwort heraus, der in neunzig Sprachen übersetzt und in 3,4 Milionen Exemplaren verbreitet wird. 27 Verlagshäuser produzieren zudem jährlich etwa dreihundert Bücher, die ebenfalls überwiegend von Chiara Lubichs Ideen handeln, in 38 Sprachen erscheint die Zeitschrift *Neue Stadt*.

Für ihre Anhänger indes ist sie »kein Guru«, wie der Journalist Aldo Civico von der Pressestelle der Fokolar-Bewegung sagt, »sie führt immer zu Gott«. Keines Kommentars würdigt Civico ein Buch des Londoner Autors Gordon Urquhart, der von 1967 bis 1976 zum Kern der Fokolar-Bewegung gehörte. Urquhart zeichnet sie ebenso wie die Neokatechumenaten und Comunione e Liberazione als Bataillone des Papstes, als neomystische, im ganzen rechtslastige Organisationen, die mehr und mehr die liberalen Kräfte in der Kirche an den Rand drängten. Seine Schulungen bei der Fokolar-Bewegung erlebte er als seelische Erpressung und Entpersönlichung.

Loppiano ist von solch einer Betrachtungsweise weit entfernt. Am großen Tisch beim Abendbrot wird von »der Berufung Gottes« gesprochen und von Lebenskrisen, die oft der Auslöser für einen Eintritt ins *Focolare* sind. »Wir sind eine universelle Familie«, sagt Paul, ein Schneider aus Kamerun.

Religiosität regiert das Leben, bis in die Buchführung hinein. In sämtlichen Bilanzen der Fokolar-Bewegung taucht unter der Rubrik Einnahmen auch der Posten »Vorsehung« auf. Man hat darunter Spenden und andere glückliche Fügungen zu verstehen, die Geld ins Haus bringen. Kredite werden grundsätzlich nicht aufgenommen, und das gilt auch für das letzte Bauvorhaben, das in Loppiano noch offen ist.

Chiara Lubich hat, als sie zuletzt den Plan der Siedlung begutachtete, erklärt, Loppiano sei nun fast komplett. Nur eine Kirche fehlt noch, die täglichen Messen werden bisher in anderen Räumen gehalten. Jetzt sollen das Gebet und die Vorsehung es richten.

Die Ritter mit dem Kreuz

Der Malteserorden gibt sich souverän wie ein Staat und ist ein Reservat für den Adel

Sie sind wieder da, auf allen Fahnen und Mänteln ist ihr spitz gezacktes Kreuz zu sehen. In langer Reihe schreiten sie zur Messe durch die Stadt, vorbei an den Geschäftsreklamen der Republic Street. Drei Männer tragen ein Kruzifix und zwei brennende Kerzen voran, es folgen der Großkanzler, der Großkomtur und der Hospitalier, danach die Ritter der verschiedenen Stände. Die Glocken läuten, als die Prozession an der Treppe der Johanniterkathedrale eintrifft. Schaulustige stehen am Weg, die Sonne scheint, und alles ist Geschichte an diesem Samstag vormittag: Die Malteserritter sind nach Malta zurückgekehrt.

Der »Souveräne Militär- und Hospitalerorden des Heiligen Johannes von Jerusalem, Rhodos und Malta« eröffnet mit einem feierlichen Hochamt in der maltekischen Hauptstadt Valletta das Festjahr aus Anlaß seines neunhundertjährigen Bestehens, und es versteht sich von selbst, daß die Herrschaften an diesem Tag – es ist der 5. Dezember 1998 – besonders stolz jene wallenden schwarzen Gewänder mit weißem Kragen und weißem Ärmelaufschlag tragen, die sie nach alter Tradition zum Gottesdienst anzulegen pflegen. Groß und weiß prangt darauf in verschiedenen Varianten jenes Kreuz, das acht äußere Spitzen aufweist und damit laut Legende an die acht Verheißungen der biblischen Bergpredigt erinnert.

Der übrige Besatz der Kleidung zeigt für Kenner, welchen Rang jedes Mitglied einnimmt. Da sieht man vorne, gleich hinter den Regierenden des Ordens, die *Cavalieri* des ersten Standes, auch Profeßritter genannt. Sie haben Armut, Keuschheit und Gehorsam gelobt und kommen dem einstigen Ideal der kriegerischen Mönche am nächsten, ihre Mäntel sind Kutten ähnlich. Es folgen die sogenannten Obödienzritter, die das Gelübde des Gehorsams gegenüber den Lehren der Bibel und der Kirche und des Strebens nach christlicher Vervollkommnung abgelegt haben. Zum dritten Stand gehören dann die einfachen Ehren-, Gnaden-, Devotions- und Magistralritter sowie die sogenannten Donaten als unterste Stufe.

Auch Geistliche, die Ordenskapläne, sind zu sehen; das Ende der Prozession bilden die Damen. Sie tragen schwarze Schleier, und rot sind die Kapuzen ihrer schwarzen Mäntel ausgefüttert. Mehrere dunkle Limousinen sind dem feierlichen Zug gefolgt. Ihnen entsteigen Fra' Andrew Bertie, der Großmeister des Ordens, sowie der Kardinalspatron Pio Laghi, der zusammen mit mehreren Bischöfen in der Kathedrale ein Pontifikalamt zelebrieren und eine Grußbotschaft des Papstes verlesen wird. Orgelmusik erklingt, ein Chor singt mehrstimmige Lieder auf Latein, und Joe Spiten Debono, der Inhaber eines Optikerladens an der Republic Street, der das Geschehen vom Straßenrand verfolgt hat, sagt: »Das ist das alte System«.

Er meint damit, daß die Malteserritter wohl innerhalb der katholischen Kirche eine besonders konservative Gruppierung darstellten, wie schon aus der Plazierung der Frauen am Ende der Prozession zu ersehen. Vermutlich hat er Recht damit. Unter all den Verbänden im Umfeld des Vatikans ist der Orden des heiligen Johannes einer derjenigen, die am stärksten auf Tradition halten. Dies treibt geradezu exotische Blüten, denn die Malteser sind nicht nur eine bekannte internationale Hilfsorganisation, sondern verstehen sich auch als Gebilde von der Art eines Staates, dessen Führung bisher in den Händen von lauter Adeligen liegt.

Ein höchst umstrittenes Ereignis steht am Anfang ihrer Geschichte: die Kreuzzüge. Als im Jahre 1095 Papst Urban II. dazu aufrief, die moslemischen Türken von den christlichen Stätten im Heiligen Land zu vertreiben, bildeten sich europäische Ritterheere, die im Juli 1099 Jerusalem eroberten und dort ein grausiges Massaker anrichteten. Es kam zur Gründung von Ritterorden, etwa des Templerordens, der 1312 vom Papst wieder aufgehoben wurde, und des Deutschen Ordens, der später in Osteuropa einen großen Staat errichtete.

Schon einige Jahre vor der Eroberung Jerusalems hatte dort ein Mann namens Gerhard ein Krankenhaus für christliche Pilger und eine Mönchsgemeinschaft gegründet, die es führte. Später wurde der Hospitalorden zum militärisch bewehrten Verband, der deshalb bis heute als Orden der Malteserritter bekannt ist, weil er zunächst aus Jerusalem, später auch von der griechischen Insel Rhodos vertrieben wurde und von 1530 bis 1798 der Lehnsherr der Insel Malta war. Seit 1835 sitzt er in Rom, vom Papst anerkannt als ein religiöser Laienorden.

Er weist erstaunliche Eigenheiten auf. Ritter waren Adelige, und bis heute sind im Orden spanische und französische Marquis ebenso zu finden wie italienische Grafen, österreichische Erzherzöge, britische Earls und deutsche Barone. Der Großmeister Fra' Andrew Bertie, der Fürsten- und Kardinalsrang hat und auf Lebenszeit gewählt ist, stammt aus schottischem Geblüt und rechnet die

Königin Maria Stuart unter seine Ahnen; Großkanzler ist Graf Carlo Marullo di Condojanni, Fürst von Casalnuovo, ein Sizilianer; als Großkomtur, verantwortlich für die geistliche Führung, amtiert Ludwig Hoffmann von Rumerstein, ein Österreicher, und der Deutsche Albrecht Freiherr von Böselager koordiniert als Hospitalier die internationalen Hilfseinsätze. Von Böselager ist zugleich Kanzler (Geschäftsführer) des deutschen Zweigverbands, dem unter der Leitung des Präsidenten Leo-Ferdinand Graf Henckel von Donnersmark rund 530 Ritter, Damen und Kapläne angehören, zumeist Adelige. Weltweit gesehen ist die Mehrheit der 11.500 Mitglieder inzwischen aber bürgerlich, in Ländern wie Brasilien oder USA sind Nobilitäten ja kaum zu finden.

In Valletta indes dominieren sie an diesem festlichen Dezemberwochenende des Jahres 1998 die Szene. Man sieht manch edlen Ring am Finger blitzen, man sieht alte Herren sich zum Handkuß verbeugen. An der Mittagstafel in der riesigen Halle eines Konferenzzentrums, das einmal das berühmte Krankenhaus der Malteserritter war, wird in vielen Sprachen parliert. Rund sechshundert Ritter, kaum junge unter ihnen, sind nebst Begleitung in Malta versammelt, nie zuvor waren es nach Auskunft der Oberen so viele. Zum Empfang beim maltekischen Staatspräsidenten legt mancher der Herren das kleine Ordensgehänge an.

Es gibt Spötter, die in solchem Gehabe einen der Gründe für das Überleben des Ordens sehen – weil hier noch erbeingesessener Stand mit all seinem Dünkel etwas gelte. Und es gibt republikanische Diplomaten in Rom, die sich belustigt zeigen, wenn die Rede auf jene andere Besonderheit kommt, die dem Malteserorden exklusive Einzigartigkeit verleiht: Er fühlt sich seit seiner Herrschaft über Rhodos und Malta autonom wie ein Staat und ist inzwischen immerhin von 81 Ländern als souverän anerkannt, darunter auch Italien, Spanien, Polen und Österreich; große Nationen wie die USA, Frankreich, Britannien und Deutschland zählen freilich nicht dazu.

Der Souveränitätsanspruch wird absichtsvoll sichtbar gemacht. Wie ein Staatspräsident empfängt der Großmeister regelmäßig Botschafter fremder Länder zur Akkreditierung oder geht auf Staatsbesuch. Der Ordenssitz, ein Gebäudekomplex in der Via Condotti in Rom, der auch ein Krankenhaus beherbergt, ist ebenso extraterritoriales Gebiet wie das Priorat auf dem Aventinshügel, das Romtouristen vor allem deshalb bekannt ist, weil man durch das Schlüsselloch seiner Eingangstür eine Baumallee erblickt und dahinter die Kuppel der Peterskirche. Der Orden gibt eigene Briefmarken und eigene Autokennzeichen (SMOM) heraus, er hat eine eigene Währung, den Scudo, und eine kleine Schiffsflotte, und er hat ehrenamtliche Diplomaten in aller Welt, die ortskundig sind und deshalb bei großen Hilfsaktionen wissen, wo anzusetzen ist. Mit Beobachterstatus sind die Malteserritter nicht nur bei den Vereinten Nationen vertreten, sondern auch beim Europarat und der EU-Kommission.

Derlei Respekt verschaffte sich die Organisation mit ihren humanitären Einsätzen in aller Welt, im Vietnamkrieg oder im libanesischen Bürgerkrieg ebenso wie bei Rassenkonflikten in Afrika, im Balkankrieg, bei Hungersnöten im Sudan oder bei Naturkatastrophen in Mittelamerika. Auch staatliche Institutionen oder Gremien der Europäischen Union vertrauen den Maltesern ihre Hilfslieferungen an, weil sie deren Effektivität schätzen. Das besondere Netz der Verbindungen, das dabei zum Tragen kommt, ist den Führern des Ordens Argument genug für das Festhalten am Status der Souveränität.

Noch immer ist die Hilfe für Kranke und Arme ohne Ansehen ihrer Religion, Herkunft oder Rasse eines der beiden Hauptanliegen der Malteserritter. Weltweit besitzen oder betreiben sie 47 Kliniken, 27 Altenheime, 24 Notfallstationen und zahlreiche weitere Sozialeinrichtungen, etwa Leprastationen und Einrichtungen für aidsinfizierte Schwangere und Kinder. Auch Pilgerreisen für Kranke nach Lourdes haben einen festen Platz im Programm. Achtzigtausend Freiwillige helfen mit, unter den national eigenständig arbeitenden Untergliederungen ist der deutsche Malteser-Hilfsdienst mit seinen dreißigtausend Aktivisten die größte. Die deutsche Johanniterunfallhilfe ist eine Einrichtung des Johanniterordens, der ebenfalls aus dem Malteserorden hervorgegangen, seit 1852 aber rein evangelisch ist.

Hingegen stehen die Malteserritter nach den Worten ihres Großkanzlers »in absoluter Treue zum Papst«, auch wenn sie bei einer Reform ihrer Verfassung 1998 größere Autonomie gegenüber dem Vatikan erlangten und für die Wahl ihres Großmeisters nicht mehr der Zustimmung des Papstes bedürfen. Die »Verteidigung des Glaubens« ist indes wie vor neunhundert Jahren der zweite Hauptzweck des Verbands, und Großkanzler Marullo di Condojanni sieht heutzutage die Auseinandersetzung mit religiösen Sekten aller Art als »neuen Kreuzzug«.

Die alten Strukturen indes schienen den Ordensführern nun endlich überholt, und noch vor dem Jubiläumsjahr 1999 setzten sie eine grundlegende Reform ins Werk. Erstmals wurden die Stände der Profeß- und Obödienzritter auch für Nichtadelige geöffnet, und erstmals dürfen auch die Damen bis in den zweiten Stand vorstoßen, ihre Rechte sollen in Zukunft zusätzlich ausgeweitet werden. Freilich hat jede Beförderung für Frauen wie für Männer ein aktives Engagement in der Krankenpflege und Sozialarbeit zur Voraussetzung.

Für die Zukunft hofft die Ordensführung auch neue Einsatzcrews aufstellen zu können, die in internationalen Konflikten schon vor dem Ausbruch von Feindseligkeiten vermitteln. Um sie und andere Kader auszubilden, ist der Aufbau einer eigenen Akademie geplant, die ihren Sitz in Malta haben soll. Dies ist eine neue historische Zäsur, denn erstmals seit dem Jahr 1798, als Napoleon die Ritter aus Valletta vertrieb, kehren sie damit dauerhaft auf die Insel zurück, wenn auch nur als Gäste. Kurz vor dem Jubiläumsjahr 1999 kam nach jahrelangen Verhandlungen ein Vertrag mit der maltekischen Regierung zustande.

Seine Unterzeichnung ist in diesen festlichen Dezembertagen 1998 in Valletta schon per se ein Jubiläumsgeschenk an den Orden. Sie findet statt im maltekischen Präsidentenpalast, der früher der Sitz des Großmeisters der Malteserritter war. Seine Wände sind mit zahlreichen Schlachtengemälden aus der großen Zeit des Ordens bedeckt, auf den Gängen stehen Ritterrüstungen, allenthalben ist das Malteserkreuz gegenwärtig.

In diesem schmeichelhaften Ambiente wird auch dem Bedürfnis des Ordens nach Souveränität zeremoniell Genüge getan. Im Staatssaal des Palasts ist ein Tisch aufgestellt, an dem als vertragschließende Partner der maltekische Ministerpräsident und der Großkanzler des Ordens Platz nehmen, um die Dokumente zu unterschreiben und auszutauschen. Stumm sitzen als Zeugen der maltekische

Staatspräsident und der Großmeister des Ordens daneben, auf dem Tisch stehen je ein Fähnchen mit den Farben Maltas und mit dem bekannten Malteserkreuz.

Laut Vertrag darf der Orden für 99 Jahre unentgeltlich das Fort Sant' Angelo am Hafen von Valletta nutzen, einen jener Bauten, den er wie die ganze Hauptstadt einst errichtet hat. Sitz des Ordens ist weiter Rom, und die neue Dependance in Malta bleibt ausdrücklich unter maltekischer Souveränität, doch erhält sie eine Reihe von Privilegien, wie sie sonst nur diplomatischen Missionen gewährt werden. Steuern sind nicht zu entrichten, eine kleine Wach- und Zeremonialgarde wird gestattet, der Zugang für das Publikum bleibt frei. Der Orden hat sich verpflichtet, die Anlage zu renovieren. Auf dem Dach der Trutzburg aber flattert nun neben der Fahne Maltas auch das Banner mit dem Malteserkreuz.

Gerüstet für den Tag, den keiner kennt

Wie wird der nächste Papst gewählt? Einblick in eines der geheimnisvollsten Rituale der Menschheit

Alles ist geheim, und alles ist bekannt. Alles ist geregelt und vorherzusehen, nur das eine nicht, das Entscheidende. Die Herren – es sind überwiegend alte Herren – werden im Haus der Heiligen Martha, gleich hinter der großen Mauer, ihre Zimmer beziehen und sich täglich treffen. Sie werden den filettierten schwarzen Talar mit der roten Schärpe tragen sowie das purpurrote Käppi, das Brustkreuz und den Ring. Sie werden das spitzenbesetzte weiße Chorhemd und den hellroten Schulterkragen anlegen und singend in die Sixtinische Kapelle einziehen.

Sie werden beten, sie werden schweigen, sie werden drei Mal schwören, und sie werden zusehen, wie ihre Stimmzettel mit einer Nadel durchstochen, an einer Schnur aufgereiht und verbrannt werden. Kein Fremder wird sie beobachten, keine Nachricht zu ihnen dringen. Nur ein Ofenrohr wird sie mit der Außenwelt verbinden, und hunderte Millionen neugieriger Augen werden von einem der geheimnisvollsten Rituale der Menschheit auch im Zeitalter der totalen Kommunikation nicht mehr zu sehen bekommen als eine Fahne Rauch.

Dies ist ein Bericht aus der Zukunft, ein Rapport über eine Prozedur, von der niemand weiß, wann sie stattfinden wird. Eines Tages wird der Papst sterben, und für alles, was dann folgt, hat Johannes Paul II. selber so präzise Anordnungen erlassen, daß man den Ablauf schon im voraus in Gedanken simulieren kann. Man stelle sich den Apostolischen Palast vor mit seinen Marmorintarsien auf den Böden, den hohen Decken, den Bücherschreinen und den alten Sesseln, den Kruzifixen und Gemälden an der Wand. An jenem Tag, den keiner kennt, wird ein Arzt da sein, und man wird den *Camerlengo*, den Kardinalskämmerer der Heiligen Römischen Kirche unterrichten. Dieser – zur Zeit ist es der Spanier Edoardo Martínez Somalo – wird den Päpstlichen Zeremonienmeister, die Prälaten Seiner Heiligkeit sowie den Sekretär und den Kanzler der Apostolischen Kammer zusammenrufen, um in ihrem Beisein amtlich den Tod des Papstes festzustellen; der Kanzler wird darüber eine Urkunde verfertigen. Das elfenbeinerne Hämmerchen, mit dem einst der *Camerlengo* dem Verstorbenen dreimal an die Stirn klopfte, während er ihn auf lateinisch fragte, ob er schlafe, wird nicht mehr im Gebrauche sein.

Sodann wird der Kardinalskämmerer das Arbeitszimmer und die Privatgemächer des Papstes versiegeln; dessen Sekretäre, der Diener und die fünf Nonnen aus Krakau, die für Johannes Paul II. den Haushalt besorgen, werden nur noch bis zur Bestattung des Toten in der weitläufigen Wohnung im Obersten Stock des Apostolischen Palasts bleiben dürfen, dann wird auch sie verschlossen. Der *Camerlengo* wird den Kardinalvikar von Rom und den Dekan der Kardinäle unterrichten. Er wird vom Apostolischen Palast, vom Lateranpalast und vom Päpstlichen Sommersitz in Castelgandolfo förmlich Besitz ergreifen, denn er wird nun vorübergehend der Verwalter der zeitlichen Güter und Rechte des Heiligen Stuhles sein. Er wird niemandem erlauben, Fotos vom toten Papst zu machen, wenn dieser nicht mit den Pontifikalgewändern bekleidet ist.

Danach wird in der Katholischen Kirche, der ein Sechstel der Menschheit angehört, die Welt für eine Weile stillstehen. Die Leiter sämtlicher Vatikanbehörden werden zurücktreten, ausgenommen der *Camerlengo*, der Kardinalvikar der Diözese Rom, der Kardinalerzpriester der Vatikanischen Basilika, der päpstliche Almosenverwalter sowie der schweigsamste der Kirchenfürsten, der Großpönitentiar, der für die Vergebung von Sünden und für Kirchenstrafen zuständig ist. Um die laufenden Geschäfte der anderen Behörden werden sich die Stellvertreter der Chefs kümmern. Die Gläubigen in aller Welt werden beten.

Sedisvakanz heißt der historische Moment, in dem der Apostolische Stuhl vorübergehend unbesetzt ist. Es ist die Stunde einer fundamentalen Erschütterung, denn die katholische Kirche ist nach Wesen und Struktur ganz ausgerichtet auf diesen einen Mann, den Bischof von Rom, Primas von Italien, Souverän des Staates der Vatikanstadt und Papst der Universellen Kirche, der sich auch Patriarch des Abendlands, Nachfolger des Apostelfürsten Petrus und Stellvertreter Jesu Christi nennt. Sein Amt ist nach katholischem Glauben göttlichen Rechtes, er besitzt in der Kirche die oberste, volle, unmittelbare und allgemeine Gewalt, wie es im Kanonischen Gesetzeskodex heißt.

Profan betrachtet, sind die katholische Kirche und der Vatikan als eine absolutistische religiöse Monarchie verfaßt, in der nur einer Gesetze erläßt, nur einer Recht spricht, nur einer regiert und Ämter besetzt. Gegen ihn gibt es keine Berufungs- und Kontrollinstanz, es gibt kein Parlament und keine Mitbestimmung, nur Beratung ist erwünscht. Ernennungen haben in solchen Systemen den Charakter von Grundsatzbeschlüssen, und ganz besonders gilt dies für die wichtigste aller Personalentscheidungen, die Wahl des Papstes. Ihren Ablauf zu regeln, ist niemand anderer befugt als der Papst, und Johannes Paul II. hat, dem Beispiel vieler seiner Vorgänger folgend, am 22. Februar 1996 eine Apostolische Konstitution mit dem Titel *Universi Dominici Gregis* erlassen, um die überkommene Konklaveordnung »den heutigen Anforderungen anzupassen.«

Man braucht nur dieses Werk zu lesen und bei verschiedenen Vatikanbehörden Erkundigungen über ein paar ganz praktische Gepflogenheiten einzuholen, und man weiß, was kommen wird an jenem Tag, den keiner kennt, in der kurzen Stunde der Demokratie, die nur einer kleinen Elite vergönnt ist. Es wird die Stunde der Kardinäle sein. Aus aller Welt werden sie in Rom eintreffen. Sie werden sich täglich im Apostolischen Palast zu einer sogenannten Generalkongregation versammeln, um über die Beerdigung des Papstes, die neuntägigen Trauerfeierlichkeiten und das Konklave zu beschließen. Sie werden, die Hand auf das Evangelium legend, schwören, daß sie alle Vorschriften beachten werden. Sie werden dafür sorgen, daß der Fischerring und das Bleisiegel, mit dem der verstorbene Pontifex seine Schreiben versiegelt hat, vernichtet werden. Sie werden ihre Zimmer im *Domus Sanctae Marthae* auslosen lassen.

Das Haus der Heiligen Martha, ein fünfstöckiger heller Bau, liegt linker Hand von St. Peter, unweit der Tankstelle, hinter der großen Mauer des Vatikanstaats. Es wurde 1996 fertiggestellt und dient als Gästehaus. Die Empfangshalle hat eine Rezeption und ähnelt der eines Hotels, nur wirkt sie weniger weltlich mit ihren barock geschwungenen Konsoltischen und Stühlen. Das Haus hat 132 einfache Zimmer und ein paar kleine Suiten. Durch die benachbarte Sakristei von St. Peter und die Basilika gelangen die Kardinäle über Königstreppe und Königssaal problemlos in den Apostolischen Palast und die Sixtinische Kapelle.

Die Herren sollen es bequem haben während des Konklaves, auch wenn es die totale Abgeschiedenheit bedeutet. *Cum clave*, mit dem Schlüssel hat nach alter Tradition der Raum versperrt zu sein, in dem die Papstwahl stattfindet, und in jüngerer Zeit, zuletzt 1978, wurde dies so verstanden, daß die Kardinäle im Apostolischen Palast zu wohnen hatten. Man bestückte Büros mit Klappbetten und Nachtschränkchen, auf denen Waschgeschirr und Karaffen zu stehen kamen. Erlauchte Säle wie die Stanzen des Raphael, die zu normalen Zeiten auch Besuchern der Vatikanischen Museen zugänglich sind, wurden mit Holzverschlägen unterteilt. Es mangelte an Bädern und Toiletten, im Sommer war es hinter den versiegelten Fenstern unerträglich heiß.

Dies wird künftig anders sein, und es ist nicht die einzige Neuerung, die das nächste Konklave von allen bisherigen unterscheidet. Nie zuvor kannten sich die Kardinäle untereinander so gut, denn in den letzten Jahren gab es mehrere Bischofssynoden, zudem traf man sich in Rom bei Sitzungen der Fachkongregationen. Nie zuvor auch war das Kardinalskollegium in seiner Zusammensetzung so multinational, so polyglott wie heute.

Dies hat seine historische Logik. Erst einmal war der Papst ja nichts anderes als der Bischof von Rom, berufen vom Volk und Klerus der Stadt. Kardinäle (von *cardo* = Türangel) waren Diakone und Priester an den Hauptkirchen der Stadt Rom, durch päpstliches Dekret erhielten sie im Jahr 1049 das alleinige Wahlrecht. Man weitete es später geographisch aus, doch bis heute hat jeder Kardinal pro forma, dem Titel nach, eine sogenannte Titelkirche in Rom; bis heute gibt es auch die Ränge der Kardinalsdiakone, Kardinalspriester und Kardinalsbischöfe, wobei den letzteren die sechs sogenannten suburbikarischen Bistümer, die kleinen Diözesen rings um Rom, zugeordnet sind.

Mit dem Wachstum der Kirche ging vor allem in jüngerer Zeit eine Internationalisierung der Kurie und des Kardinalskollegiums einher, und kein Papst hat dies so zielstrebig befördert wie der Pole Karol Wojtyła. Noch 1903 waren 61 Prozent aller Kardinäle Italiener, noch 1922 nur sieben Nationen im Konklave vertreten. Hätte hingegen an Ostern 1999 eine Papstwahl stattgefunden, so wären in der Sixtinischen Kapelle insgesamt 113 Kardinäle aus 54 Ländern zusammengekommen, unter ihnen 18 Italiener und je vier Franzosen, Deutsche, Spanier und Polen; im ganzen 50 Europäer, 33 Nord- und Südamerikaner, 14 Asiaten, 12 Afrikaner und vier Bewohner Ozeaniens.

Wie viele es sein werden an jenem Tag, den keiner kennt, ist nicht exakt vorherzusagen. Es hängt davon ab, ob Johannes Paul II. noch einmal neue Kardinäle ernennt, womöglich im Heiligen Jahr 2000, und wie viele der Herren indessen das achtzigste Lebensjahr vollenden. Damit sind sie nämlich seit 1971 vom Konklave ausgeschlossen, wie mehr als 45 andere der insgesamt rund 150 Kardinäle. Einige von ihnen haben schon gebeten, ihnen doch das Wahlrecht wieder zuzubilligen. Johannes Paul II. aber hat dem Vernehmen nach geantwortet, sie sollten das mit seinem Nachfolger besprechen.

Sie werden also nicht dabei sein, die über achtzigjährigen, an jenem Tag, wenn ihre jüngeren Kollegen sich nach der Beerdigung des Papstes in der Capella Paolina des Apostolischen Palastes versammeln, um von dort in feierlicher Prozession in die Sixtinische Kapelle zu ziehen, vorweg der Kardinalsdekan und die fünf übrigen Kardinalsbischöfe. Sie werden nichts hören vom Gesang, der durch die hohen Gänge hallen wird: *Veni Creator Spiritus*. Komm Schöpfer Geist, kehr bei uns ein. Wohl aber haben auch die greisen Kardinäle das Recht, an den vorbereitenden Beratungen teilzunehmen.

Diese stehen wie das Konklave selbst und alles sonst, was mit der Papstwahl zu tun hat, unter dem päpstlichen Diktat der Geheimhaltung, hier läßt sich also nichts vorhersagen. Man kann allenfalls erstaunt feststellen, daß trotz des Schweigegebots, das der Pontifex freilich für einzelne Kardinäle aufheben kann, von früheren Konklaven allerlei bekannt wurde. Man kann sogar in Papstbiographien oder im Standardwerk des Vatikanreporters Giancarlo Zizola über das Konklave nachlesen, wie 1978 der polnische Bischof Andrzej Deskur, ein Freund Wojtyłas, in Rom Verbindungen knüpfte und wie der Wiener Kardinal Franz König, der Amerikaner John Król sowie deutsche und andere Kollegen die Wahl des Polen Wojtyła einfädelten, nachdem die Italiener Giuseppe Siri und Giovanni Benelli sich gegenseitig blockiert hatten. Man hört von Eingeweihten, Pius XII. sei 1939 möglicherweise durch Akklamation bestimmt worden und Johannes Paul II. habe 1978 nach seiner Wahl einen Schwächeanfall erlitten. Und man vernimmt Zweifel an der Durchsetzbarkeit des päpstlichen Verbots, »zu Lebzeiten des Papstes und ohne Beratung mit ihm über die Wahl seines Nachfolgers zu verhandeln oder Wahlversprechen zu machen oder diesbezüglich in heimlichen Privatzusammenkünften Beschlüsse zu fassen.«

Die Zeit der Zusammenkünfte und des Gedankenaustauschs sollen jene Tage sein, die zwischen dem Tod des Papstes und dem Ende des Konklaves liegen. Die Kardinäle werden sich ständig begegnen. Manche werden sich beim Essen oder beim Spaziergang treffen, und sie werden nur in Andeutungen reden, so soll es jedenfalls 1978 gewesen sein. Sie werden die Lage der Kirche analysieren und fragen: Was für einen Führer braucht sie, einen Manager, einen Hirten, eine Vaterfigur? Sie werden sich an Kriterien orientieren, die auch im vorhinein schon erörtert wurden: Alter, Gesundheit und Werdegang der *papabili,* theologische Befähigung, kirchenpolitische Orientierung. Will man die Macht der Kurie stärken oder schwächen und will man, daß die überfällige Reform der Kurie nun endlich in Angriff genommen wird? Will man einen Chef, der wie Johannes Paul II. auf die alleinige Befehlsgewalt der Zentrale pocht, oder soll das 1965 im Zweiten Vatikanischen Konzil betonte Prinzip der bischöflichen Kollegialität mehr Gewicht erhalten? Soll der nächste Papst mehr am Schreibtisch sitzen und weniger reisen? Aus welchem Kulturkreis soll er kommen? Ist die Zeit nicht reif für einen Lateinamerikaner, da doch mehr als vierzig Prozent der einen Milliarde Katholiken in Lateinamerika leben? Will man wieder ein langes oder ein kürzeres Pontifikat? Und welche Wirkung hat die Personalpolitik von Johannes Paul II? Nicht weniger als 99 der genannten 113 Kardinäle hat er ernannt, einige gegen heftige Kritik.

Die Kardinäle werden miteinander reden und reflektieren, während die Handwerker die Sixtinische Kapelle für das Konklave herrichten und aus dem Depot der vatikanischen *Floreria* in Santa Maria di Galeria bei Rom einen schwarzen Kanonenofen herbeischaffen werden. Der *Camerlengo* wird die laufenden Geschäfte führen, unterstützt von drei Kardinälen, die für je drei Tage durch Los ermittelt werden. Der *Camerlengo* wird zwei Techniker beauftragen, die Sixtinische Kapelle auf Wanzen abzusuchen, um einem Lauschangriff vorzubeugen.

Es wird verboten sein, ins Konklave Foto- und Filmapparate, Tonbandgeräte, Mikrofone oder Handys mitzunehmen. Die Kardinäle werden auch keine Zeitung lesen, weder Rundfunk noch Fernsehen empfangen, keine Briefe schreiben und erhalten, mit keinem Außenstehenden Kontakt haben. Der Apostolische Palast, die Sixtinische Kapelle und das Haus der Heiligen Martha werden auch für Vatikanbedienstete weitgehend unzugänglich sein. Nur eine kleine Zahl von Helfern wird zugelassen sein: zwei Kleriker, die den Kardinälen einen geistliche Vortrag halten sollen; der Sekretär des Kardinalskollegiums; der Päpstliche Zeremonienmeister mit zwei Zeremoniären und zwei Ordensleuten der Päpstlichen Sakristei; mehrere Mönche verschiedener Orden und verschiedener Sprachen als Beichtväter; zwei Ärzte. Es werden lauter Männer sein. Frauen kommen allenfalls für die Küchenarbeit und die Sauberhaltung im *Domus Sanctae Marthae* in Frage.

Bei der eigentlichen Wahlhandlung aber werden sich in der Sixtinischen Kapelle nur die Kardinäle aufhalten. Sie werden rechteckige, doppelt zu faltende Stimmzettel mit dem Aufdruck *Eligo in Summum Ponteficem* (Zum Papst wähle ich) erhalten, auf welchem, möglichst in verstellter Schrift, ein Name zu notieren ist. Sie werden damit einzeln vortreten und den Stimmzettel auf einen Hostienteller legen, von wo er in die Urne, einen großen Meßkelch, gekippt wird. Sie werden vorher unter sich drei Wahlhelfer und drei Wahlprüfer ausgelost haben, ferner drei sogenannte *Infirmarii,* die mit einem Kästchen die Stimmzettel der kranken Kardinäle im *Domus Sanctae Marthae* einsammeln. Laut werden die drei Wahlhelfer die Stimmen auszählen, einer wird die Stimmzettel an der Stelle, wo das Wort *Eligo* steht, mit einer Nadel durchstechen, sie an einer Schnur aufreihen und deren Enden miteinander verknoten.

Es wird im Konklave keine Kandidatenreden geben. Es wird den Kardinälen strengstens verboten sein, sich von unheiligen Erwägungen leiten zu lassen, die in früheren Jahrhunderten verschiedentlich den Ausschlag gaben: Ämterkauf, Korruption, Karriereversprechen, politische Einsprüche und Druck weltlicher Herrscher und Gruppen. Es wird nicht mehr, wie bisher, erlaubt sein, den neuen Papst per Akklamation zu bestimmen oder einen personalpolitischen Kompromiß zwischen rivalisierenden Fraktionen zu schließen. Gewählt wird das neue Kirchenoberhaupt in geheimer Abstimmung mit Zweidrittelmehrheit. Erst wenn diese in dreißig Wahlgängen, die etwa 13 Tage beanspruchen dürften, nicht zustandekommt, wird die absolute Mehrheit genügen.

Es wird in jenen Tagen, deren Datum keiner kennt, im hinteren Teil der Sixtinischen Kapelle der schwarze Kanonenofen stehen, dessen Rohr nach oben so ins Freie zu führen ist, daß man es vom Petersplatz aus sehen kann. In diesem Ofen werden die Wahlhelfer nach je zwei Wahlgängen die Stimmzettel verbrennen, samt den Notizen, die sich die Kardinäle gemacht haben. Waren die Wahlgänge ergebnislos, wird dem Papier (so war es jedenfalls bisherige Praxis) ein wenig Pech beigegeben, so daß aus dem Rohr schwarzer Rauch aufsteigt. Ist der Papst gewählt, wird der Rauch weiß sein, und die Welt wird wissen, was geschehen ist.

In jener heiligen Stunde der Entscheidung wird in der Sixtinischen Kapelle der Kardinalsdekan den Gewählten, sofern es ein Teilnehmer des Konklave ist, auf lateinisch fragen, ob er die Wahl annehme und welchen Namen er sich geben wolle. Der Päpstliche Zeremonienmeister und zwei Zeremoniäre werden davon eine notarielle Urkunde fertigen. Der neue Papst wird in einen Nebenraum gehen, wo drei weiße Gewänder in drei verschiedenen Größen bereitliegen werden; er wird eines davon anziehen und sich um den Hals eine kostbare alte Stola mit dem Bildnis der Apostel Petrus und Paulus legen, die er nur bei diesem Anlaß tragen wird. Die Kardinäle werden ihm huldigen und Gehorsam geloben.

Es wird sodann der ranghöchste Kardinalsdiakon, zur Zeit ist es der Italiener Pio Laghi, mit dem Gewählten auf die Loggia der Petersbasilika treten und auf lateinisch der wartenden Menge erklären: »Ich verkünde euch eine große Freude. *Habemus Papam*. Wir haben einen Papst.« Und dann erst wird man wissen, wer es ist.

Nachsatz

Die in diesem Buch veröffentlichten Texte sind in den Jahren 1994 bis 1999 als Korrespondentenberichte für die *Süddeutsche Zeitung* entstanden. Bei den Recherchen habe ich zahlreiche Gespräche mit Menschen im Vatikan und in seinem direkten Umfeld geführt. Die meisten dieser Informanten werden in den Texten genannt, andere bleiben anonym. Ihnen allen bin ich zu großem Dank verpflichtet für das Entgegenkommen, mit dem sie auf meine Fragen und Wünsche eingegangen sind. Manche waren immer wieder zum umfassenden Gedankenaustausch bereit und haben mir wichtige Hinweise gegeben.

Die meisten dieser Artikel sind für die Seite Drei der *Süddeutschen Zeitung* geschrieben worden, andere Beiträge erschienen im Nachrichtenteil, in der Wochenendbeilage, im Feuilleton und im Medienteil. Den jeweils zuständigen Münchner Kollegen danke ich sehr herzlich für die gute Zusammenarbeit.

Für die Publikation in diesem Buch habe ich die Texte überarbeitet und aktualisiert oder tagesaktueller Bezüge entkleidet. Der Beitrag über den Arbeitstag des Papstes, der bereits 1998 in dem Rom-Band »Die Köchin, die Pornodiva und der Papst« erschien, wurde für diese Ausgabe ergänzt.